ISBN EAN 13 :
9782955644850

Jean-Pierre SEYS

de la bêtise à la méchanceté

lettre à mes enfants

Je voudrais remercier ici Charlyse et Séverine pour tout l'amour et le soutien qu'elles m'ont témoigné pendant ces moments difficiles

« *La calomnie, Monsieur ! Vous ne savez guère ce que vous dédaignez ; j'ai vu les plus honnêtes gens près d'en être accablés. Croyez qu'il n'y a pas de plate méchanceté, pas d'horreurs, pas de conte absurde, qu'on ne fasse adopter aux oisifs d'une grande ville en s'y prenant bien : et nous avons ici des gens d'une adresse ! ... D'abord un léger bruit, rasant le sol comme hirondelle avant l'orage, pianissimo murmure et file, et sème en courant le trait empoisonné. Telle bouche le recueille, et piano, piano vous le glisse en l'oreille adroitement. Le mal est fait ; il germe, il rampe, il chemine, et rinforzando, de bouche en bouche, il va le diable ; puis tout à coup, ne sait comment, vous voyez calomnie se dresser, siffler, s'enfler, grandir à vue d'œil. Elle s'élance, tend son vol, tourbillonne, enveloppe, arrache, entraîne, éclate et tonne, et devient, grâce au ciel, un cri général, un crescendo public, un chorus universel de haine et de proscription. Qui diable y résisterait ?* »

« Le Barbier de Séville », Beaumarchais

Cette oeuvre n'est pas un roman. Ce n'est pas une fiction non plus. Pour invraisemblable et inimaginable qu'elle apparaisse, elle demeure pourtant une histoire vraie.

C'est le récit in extenso et véridique, écrit en 1996, d'un père qui rappelle à ses enfants l'incroyable vérité sur tout ce qu'il a subi de leur part mais surtout de la part de leur mère et son entourage.

Il a pensé pouvoir ainsi contrebalancer les calomnies auxquelles ils ont participé et les manipulations dont ils ont fait l'objet. Il a voulu essayer, en vain, de leur faire prendre conscience de l'absurdité de la situation actuelle, laquelle n'a pourtant malheu-reusement pas évolué depuis maintenant bientôt 25 ans que ce récit a été écrit.

Toute ressemblance avec des personnages réels ou ayant existé n'est pas fortuite, mais bien volontaire.

Jean-Pierre SEYS
        Septembre 2020

Jean-Paul FERS :

Ce père de 47 ans en 1996, brosse sans complaisance le portrait de Dame Bêtise. Il sait ici trouver les mots justes, racontant les différents événements qui ont jonché sa vie, alternant la joie et la résignation, avouant son impuissance devant tant de bêtise et tant de méchanceté. Pris dans ce tourbillon qui les a complètement asservis, il serait temps, qu'enfin, ses enfants rencontrent Dame Raison...

PRÉFACE

Elodie, Rodrigue, mes chers enfants,

La bêtise est un caractère qui dénote certes un manque d'intelligence dont on n'est pas toujours responsable, mais surtout un manque de réflexion.

La méchanceté, par contre est un penchant à faire du mal, pour le plaisir de nuire, pour blesser l'autre, pour se venger et est toujours un acte volontaire, ce qui le rend odieux et impardonnable.

J'ai subi la bêtise et la méchanceté depuis maintenant plus de vingt ans et je pense avoir droit aujourd'hui à un répit. Pourtant, depuis maintenant deux ans, vous avez décidé de me rejeter, de me rayer de votre vie. De mon côté, j'ai dû m'habituer aussi à vivre sans vous. Par contre, je ne pense pas que vous ayez eu la moindre idée de l'immense chagrin que vous m'avez causé par votre attitude, ni même de la grande injustice que cette situation a engendrée.

Cette décision, bien qu'auteurs vous en soyez, n'a pas été, semble-t-il, uniquement de votre fait. Elle est le résultat de circonstances, de problèmes créés de toutes pièces par bêtise pure, de faits banals déformés et aiguisés par une jalousie maladive, et de manipulations dont vous avez été les victimes consentantes ou non, mais également et surtout les acteurs complices et conscients, embrigadés par pure méchanceté.

Vous avez feint d'ignorer les conséquences de votre attitude et le mal que vous me faisiez, mais également celui que vous faisiez à Charlyse et surtout à Séverine. Vous avez également très vite oublié tout ce que Charlyse et moi faisions pour vous ainsi que tout ce que j'avais fait auparavant. Vous avez laissé d'autres nous accuser des pires maux. Vous les avez laissés, sans rien dire, nous insulter. Vous avez participé activement à ce "lynchage". Vous vous êtes faits les complices de cette folie. Vous vous êtes laissé berner et intoxiquer par des adultes en lesquels vous aviez confiance et qui se sont servis de vous de manière inqualifiable, et bêtement, vous avez cru tout ce qu'ils vous racontaient !

Afin de rétablir la vérité à vos yeux, de vous expliquer ces circonstances, de vous relater ces faits, comment ont été créés ces problèmes, mais aussi de vous raconter combien fut triste ma vie avant aujourd'hui, j'ai décidé d'écrire cette longue lettre pour vous, rien que pour vous. Je sais que vous aurez à cœur de la lire intégralement. Vous saurez ainsi ce qui s'est réellement passé et, je l'espère, un peu plus tard, quand vous aurez acquis un peu de maturité, que vous aurez un peu d'expérience de la vie, vous pourrez comprendre le pourquoi de cet immense gâchis et remettre chaque chose à sa juste place et peut-être expliquer votre attitude.

Je jure solennellement que tous mes propos ne sont que l'expression de l'exacte vérité, même si certains semblent absolument incroyables et invraisemblables. Tous mes dires sont appuyés par des témoignages précis et nominatifs dont vous pourrez vérifier la véracité en contactant vous-même les personnes citées, par des événements auxquels vous avez assisté que je vais vous remémorer ainsi que par des documents répertoriés qui sont à votre disposition quand vous le désirez.

Enfin, quand vous aurez pris connaissance de tout cela, je souhaite que, seuls face à vous-mêmes, vous vous remettiez en question, que vous vous rendiez compte de la vie que j'ai subie, que vous appréciiez vous-même les manipulations dont vous fûtes l'objet et que vous vous fassiez vous-même votre opinion, autrement que par le filtre volontairement déformant de la bêtise et de la méchanceté. Peut-être pourrez-vous alors vous rendre compte de la lâcheté, de ceux qui utilisent des enfants, leurs enfants, pour parvenir à leurs fins pitoyables.

Je reste bien évidemment prêt à répondre à chacune de vos questions pour tout éclaircissement, explication ou complément d'information que vous souhaiteriez, ou à vous montrer tout document dont vous pourriez souhaiter prendre connaissance, mais sachez bien que, contrairement à ce qu'on a pu vous dire, ma porte ne vous a jamais été fermée et qu'elle ne le sera jamais.

Fait à Voiron, le 10 mars 1996

Jean-Paul FERS, votre Papa qui vous aime

21 JUIN 1953

C'est le 21 juin 1953 qui fut le commencement de ma vie. Ce soir-là, mes parents et ma sœur aînée Christine dînaient tranquillement dans un centre de repos pour militaires français, au Cap Saint-Jacques, environ 20 km au sud de Saïgon, au Sud-Viêt-Nam. Mon père, médecin-capitaine, était chef de laboratoire à l'Institut Pasteur de Saïgon et y faisait de la recherche sur les sulfamides, ancêtres des antibiotiques. Il vivait là-bas avec toute sa petite famille. Ma sœur Christine, mon frère Marcel et moi étions d'ailleurs nés là-bas, mon autre sœur Sylvie était née en France, lors d'un voyage que nous y avions fait. Seule Christine dînait avec les parents, nous étions trop petits, aussi étions-nous couchés dans une chambre au premier étage surveillés par une boyesse. C'est vers 20h, qu'un commando du Viêt-minh, en rébellion contre la France perpétra un attentat aussi violent que sanglant dans ce restaurant : fusils mitrailleurs et grenades eurent raison des pauvres convives. Parmi les victimes, mon père (35 ans), ma mère (32 ans) et ma sœur Christine (12 ans) y avaient trouvé la mort.

Brutalement orphelins, notre courte vie venait de basculer. J'avais un peu plus de 3 ans. Dès lors, une violente bataille juridique éclata entre mon grand-père paternel, Edouard FERS et ma grand-mère maternelle, Adrienne LETROADEC, née CHENAPAN, chacun cherchant à obtenir la tutelle (garde) des trois enfants mineurs.

Mon grand-père paternel à l'aide de sa seconde épouse Mamy Paulette obtint cette tutelle. Nous vivions alors à Albertville. Marcel et moi fîmes nos études au Prytanée Militaire de La Flèche (Sarthe) comme mon père, tandis que Sylvie était à la Maison d'Education de la Légion d'Honneur en région Parisienne.

Notre adolescence se passa sans heurt, en uniforme, dans ces bahuts où tout était interdit et tout écart puni de privation de sortie, voir de jours de vacances. Mes activités de scoutisme me permettaient de m'évader un peu et m'ont appris la vie. Nous ne rentrions à la maison que pour les vacances de Noël, Pâques ou les grandes vacances. Nous nous retrouvions alors bien seuls, ne connaissant personne, puisque nos copains d'école n'habitaient pas notre région. A l'époque ces écoles n'étaient pas mixtes et nous n'avions pratiquement aucun contact avec la gent féminine : nous étions très timides avec les filles et ce n'était pas facile.

Les grandes vacances se passaient en Allemagne, chez un correspondant qui venait ensuite à la maison.

Nous n'eûmes jamais rien à reprocher à l'excellente éducation que mes grands-parents nous apportèrent.

L'année de mes 18 ans fut pour moi une année charnière que je n'oublierai pas : elle vit la mort de Pépé FERS qui, au bout de ses forces, s'éteignit tout doucement après une vie bien remplie et son devoir accompli. Ce fut également l'année de mon bac que j'ai obtenu le lendemain de mon permis de conduire. Ce fut aussi l'année de notre émancipation, qui, en nous rendant tous trois majeurs (la majorité était à 21 ans à cette époque), mettait fin à 15 années de procédures et tracasseries administratives et juridiques.

Dès lors, Marcel faisant ses études de médecine, comme mon père, à l'Ecole du Service de Santé des Armées de Lyon, nous quittions Albertville pour nous installer, Sylvie, Mamy Paulette et moi à 20km au sud de Paris. J'entamai mes études d'ingénieur en électronique, branche d'avenir et me spécialisai dans l'informatique avec les premiers ordinateurs, tandis que Sylvie, passait son bac et entrait en fac.

Puis Mamy Paulette s'installa chez son fils Yvon à Bourges, Sylvie et moi nous nous achetions chacun notre appartement à Paris. J'habitai alors un ravissant petit appartement que j'avais entièrement refait à mon goût, au 6° étage sans ascenseur d'un immeuble du 20° arrondissement. La vie y était très dure, car je n'avais comme revenus que les maigres rentes de l'argent qui restait de mes parents et une bourse entièrement engloutie dans les frais de scolarité. Heureusement, les nombreux cours particuliers de maths que je donnais alors me permirent de terminer ces études. Celles-ci étaient difficiles et les sorties étaient rares, j'avais peu de temps à moi, peu d'argent.

Mon diplôme à peine en poche, j'étais embauché chez Bull, à Palaiseau dans l'Essonne, entreprise que je n'ai pas quittée depuis. Une avance sur salaire m'a tout de suite permis de m'habiller correctement pour aller travailler. Le travail était assez dur à l'époque mais tellement enrichissant : je faisais de la maintenance sur systèmes informatiques un jour à Marseille, le lendemain à Lille, Bordeaux, ou Strasbourg, quelques fois sur Paris ; toujours entre 2 avions, levé tôt, rentré tard, là encore peu de temps pour une vie personnelle.

La solitude me pesait beaucoup et je n'avais que de rares occasions de sortir ou de rencontrer mes copains. Chacun d'eux se maria et je les voyais moins souvent. J'étais partagé entre des périodes de satisfaction puisque je m'éclatais dans mon travail et des périodes de blues dues à cette solitude.

C'est lors de l'une de ces périodes de blues que je
rencontrai "votre mère".

LA BELLE-FAMILLE

Quand je rencontrai "votre mère" la première fois, celle-ci était blonde avec de beaux cheveux longs. Elle aussi était dans une période de solitude morale et n'était pas très bien dans sa peau. Elle avait un copain, un dénommé Gérard qui la battait et la traitait comme une esclave, Elle y trouvait son compte et ne voulait pas le quitter de peur de sa réaction. C'est mon côté "bon samaritain" qui me fit la pousser à avoir une vie plus équilibrée et à quitter ce malotru.

Issue d'une famille d'instituteurs, elle était l'aînée de trois enfants. Son père froid et autoritaire et sa mère complètement effacée derrière son mari lui ont apporté une éducation rigide et rétrograde. Elle me racontait qu'enfant, elle n'avait pas le droit de jouer avec ses camarades de classe car les enfants des instituteurs ne devaient pas se mélanger avec les autres. Un jour, elle devait avoir 8/9 ans, elle fut très sévèrement punie pour avoir été surprise à jouer à "touche-pipi" avec un de ses camarades de classe. La sévérité de la punition pour un fait aujourd'hui aussi banal l'a traumatisée à vie. Elle eut ainsi une jeunesse sans affection et n'a pas vécu d'adolescence normale, écrasée par la froide autorité paternelle et obsédée par ses problèmes d'obésité précoce (déjà !). Après son bac, elle fit des études de BTS Secrétariat à Paris, vivant seule, chichement et naïvement, avec une méconnaissance quasi totale de la vie.

Avec moi elle a découvert ce qu'était la tendresse : elle n'avait jamais connu cela, ni avec ses parents qui, bien sûr, ne manifestaient jamais ce genre d'effusion (je n'ai jamais surpris "votre mère" et son père se faire un câlin ou un bisou, ou même se montrer le moindre geste d'affection), ni avec ses petits amis qu'elle trouvait dans une catégorie sociale telle qu'elle ignorait tout ce que ce mot pouvait bien cacher.

Elle vivait dans un minuscule studio minable où il fallait replier son lit-banquette pour ouvrir la porte des toilettes ou de la salle d'eau (très pratique la nuit...). A l'époque il lui arrivait de découcher n'importe où pour prêter, à l'insu de ses parents, son studio à sa sœur Floriane qui, déjà, fricotait avec des marocains. En ce temps-là, il s'appelait Taïeb (il était très gentil), mais la peur du "quand dira-t-on" et des parents était telle, qu'il ne fallait pas que cela se sache... "Votre mère" n'avait pas peur non plus de se faire ramasser avec une copine par n'importe qui sur les Champs-Elysées.

A ce moment-là je l'ai aidée à déménager avec mes copains Dany et Marcel BARDOS. Déjà, à l'époque, ce dernier m'avait demandé ce que je faisais avec cette "nana" et m'avait mis en garde en me disant qu'elle n'était pas très "claire". Malgré cet avertissement amical, elle et moi nous voyions plus souvent, tantôt chez l'un, tantôt chez l'autre, et à part Dany et Marcel, nous ne voyions plus personne, elle n'appréciait guère mes autres copains, ce qui était d'ailleurs bien réciproque.

En fait cette fille était paumée et se cherchait. Elle semblait se chercher en permanence. Elle cherchait surtout un père pour vivre enfin son adolescence, pour enfin recevoir l'affection qui lui manquait et pour lui passer les caprices qu'elle n'avait jamais osé faire avec le sien. Mais elle cherchait aussi un ingénieur ou un médecin car elle voulait être assistante d'ingénieur ou secrétaire médical. J'étais le pigeon idéal.

Sans doute étais-je également paumé mais j'avais besoin d'une présence féminine dans ma vie et je ne connaissais qu'elle. Durant mon adolescence, sans contact avec les filles, je n'avais pas eu la possibilité d'apprendre à les connaître et d'apprendre tout simplement la vie. La gent féminine était pour moi inconnue et inaccessible, j'avais une grande vénération et un grand respect pour la Femme, avec un grand "F", sans doute due à cette méconnaissance que j'en avais et à l'idéal que je m'en faisais. Et puis on m'avait tellement dit que les femmes étaient toutes les mêmes, que peut-être j'y croyais un peu. C'est donc avec elle que j'ai pu faire mon apprentissage. Bien sûr elle n'était pas la première, mais elle m'a apporté sa présence au moment où j'en avais vraiment besoin. Au début son comportement de gamine m'amusait et puis je sentais confusément qu'elle avait besoin d'un homme pour la mettre sur un chemin cohérent, l'aider à devenir adulte et trouver un équilibre. C'est encore une fois mon côté "scout" qui agissait et j'avais l'impression de faire une B.A...

Puis, après des périodes de déprimes et des périodes de mieux-être plus ou moins longues, des séparations et des retrouvailles, mais surtout pour ne pas rester seuls, nous sommes restés ensemble.

Non, je n'étais pas amoureux d'elle et elle ne l'a jamais été de moi. Elle voyait plus en moi l'ingénieur et visait la sécurité. Elle ne correspondait pas non plus à mon idéal ni à ce que j'attendais d'une femme. Blonde, teint de pêche, pas trop mal faite mais sans poitrine du tout alors que j'étais plus attiré par les brunes plus généreuses. Elle n'était absolument pas sportive, peu élégante, sans classe et son maquillage outrancier et vulgaire ne me plaisait pas du tout.

Mais alors, comment en suis-je arrivé à l'épouser ? Lui faire deux enfants ? Il est indéniable que, même à 25 ans, elle était encore très loin d'avoir atteint un niveau acceptable de maturité, mais dans mon esprit naïf d'alors, je pensais qu'elle évoluerait, j'avais cru ce qu'elle m'avait dit et je croyais qu'ensemble on ferait plein de choses. Je la croyais sincère. Même si elle ne s'en sentait pas capable, je me pensais assez fort pour l'aider et la soutenir dans les moments difficiles, pour peu qu'elle en ait la volonté, ce dont elle m'avait assuré et qu'elle me fasse confiance pour y arriver ensemble. Même si l'amour n'était pas là - je pensais qu'il viendrait plus tard - il y avait une certaine affection et c'était déjà pas mal. Nous avions quelques points communs, enfin le crus-je : le cinéma, la musique, bien que je ne partage point ses goûts de chanteurs... mais en fait, cela s'arrêtait tristement là (avec le recul, j'en suis effaré). Longtemps j'ai cru que cela pouvait marcher, et bêtement je m'y suis accroché. Sans expérience de la vie, on pense toujours que cela va s'arranger, qu'on va évoluer et mûrir, on insiste et finalement on se plante tout de même. En fait cela ressemblait à du provisoire qui malheureusement devint définitif... Jamais je n'aurai pensé, à ce moment-là, que cette histoire finirait aussi mal et que "votre mère" puisse être capable de faire tout le mal qu'elle fera plus tard.

A l'époque, elle me demandait presque tous les jours : « *Est-ce que je suis normale ?, est-ce que c'est normal que je fasse ceci, que je pense cela ?* », etc. Je passais un temps infini à la rassurer, à la réconforter, à lui donner des conseils pour se ressaisir et avoir plus confiance en elle. Elle me disait déjà : « *Ce n'est pas la peine que j'essaye, de toute façon, je n'y arriverai pas !* » Son immaturité, son inexpérience de la vie ou ses idées reçues d'un autre âge ne me gênaient pas trop au début car je pensais sincèrement que je l'aiderai à changer. Par contre, sa capacité à créer des problèmes là où il n'y en avait pas, sa très faible attirance pour les choses du sexe, le fait qu'elle aille chez un psychanalyste y raconter ses fantasmes de viol, auraient dû me mettre la puce à l'oreille. Le fait qu'elle soit capricieuse ou qu'elle me décourage systématiquement dans tout ce que j'entreprenais aurait dû également m'alerter. Et puis certaines réflexions ou attitude auraient dû me faire me poser des questions quant à la plénitude de ses facultés mentales. Enfin j'aurai dû me rendre compte plus tôt de son égocentrisme et réagir. Mon inexpérience des femmes a fait que je ne me rendais pas compte combien elle savait être "chiante". Non, je n'ai pas su voir tous ces signes, je ne me suis rendu compte de rien et je me suis fait avoir sur toute la ligne.

Au contraire, par un soir de grand blues, nous avons

fini par faire de grands projets : on se marierait, on habiterait une belle maison, on aurait deux enfants, un garçon et une fille, on aurait plein d'animaux, on ferait plein de choses, on s'aimerait, on serait heureux... Je m'en sentais capable et je savais qu'à deux on pouvait y arriver. Alors, j'ai hésité un peu et dans la perspective d'un bonheur promis, je me suis lancé, malgré l'avis de plusieurs de mes copains qui eux l'avaient jugée telle qu'elle était.

Présentation à la famille. D'abord à sa mère sur le quai de la Gare du Nord : glacial, je fus toisé des pieds à la tête et ignoré jusqu'à son départ. Puis premier repas à Berny-Rivière, près de Soissons dans l'Aisne, où habitaient ses parents. Là encore, je constatais que ce n'était pas la chaleur humaine qui animait ces gens-là. Le père, directeur de CES, homme très distant et inaccessible, ne m'appréciait pas du tout. Nos relations furent limitées à une stricte politesse et un vouvoiement réciproque. Le frère, Damien, radioamateur, activité qui m'intéressait en tant qu'électronicien, ne m'a jamais adressé la parole malgré toutes mes tentatives de prise de contact. Sans doute ne devait-on pas mélanger techniciens et ingénieurs ! La sœur, Floriane, beaucoup plus jolie, que je connaissais déjà, était un peu plus sympa que le reste de la famille. On voyait davantage la tante Berthe, mais ça n'a jamais été le grand amour. Les autres, oncles et tantes m'ont toujours prodigieusement ignoré. Je n'ai jamais eu l'impression d'avoir été intégré, voire accepté dans ce clan. Par contre l'accueil le plus chaleureux que je reçus fut à Berneuil, ce petit village du Limousin où habite son oncle Pierre. J'y ai toujours été très bien reçu, et ce par le village tout entier. Je me suis toujours plu parmi ces gens accueillants, gentils et pas fiers.

Comme j'étais propriétaire de mon appartement et que nous vivions désormais ensemble, il ne devenait donc plus nécessaire de garder la location de son studio, aussi lui ai-je proposé de le liquider. Sa mère s'y opposa fermement : « *Que dira ta tante Roberte si elle apprend que tu vis avec un garçon sans être mariée ?* ». Par contre, que la fille de la même Roberte, la cousine Marie-Claire se mette à la colle pendant des années avant d'épouser son concubin et d'en divorcer quelques temps après n'a gêné absolument personne ! Que le fils Damien ait eu un enfant avec sa concubine était tout à fait normal ! Enfin, il ne fallait pas que ça se sache et continuer pendant des mois de payer un loyer inutilement, uniquement pour le "quand-dira-t-on", frais que bien entendu nous supportions intégralement avec nos maigres revenus de l'époque.

Par la suite, j'eus d'excellentes relations avec sa mère ; celle-ci était contente de voir que je m'intéressais à ce qu'elle faisait et elle était fière de me montrer sa classe, ses réalisations, ses poteries, etc. Elle me demandait souvent des conseils et me donnait toujours des petits travaux à faire chaque fois que nous allions chez eux. Il m'arrivait même parfois de la tutoyer... Ce fut la seule personne que j'avais plaisir à voir là-bas, certains disaient même que j'aurais dû épouser ma belle-mère... elle fut la seule alliée que j'eus dans la place, enfin le crus-je, jusqu'au témoignage exagérément négatif et mensonger qu'elle fit contre moi lors de notre divorce et même après. Mais elle ne fut pas la seule là-bas dans ce cas-là...

NOTRE MARIAGE
ET NOTRE VOYAGE DE NOCES

Depuis longtemps j'avais envie d'un faire-part de mariage original. C'est sous forme de parchemin, en « *vieux françois* », que nous annonçâmes nos épousailles. Ce faire-part n'eut pas l'heur de plaire au beau-père qui décida d'en imprimer un à lui. Les histoires commençaient ! Puis c'est moi qui ai organisé l'ensemble et en ai fait les préparatifs. J'avais trouvé une salle sympa avec terrasse au dernier étage d'un immeuble et 30 mn avant la cérémonie, j'étais encore à installer, seul, la sono et la décoration de la salle.

C'est pendant cette installation que le doute m'a saisi. Soudain la situation s'éclaircissait dévoilant le piège à mes yeux et faisant me poser une foule de questions : « *Mais qu'est-ce que je suis en train de faire ? Non ce n'était pas une fille pour moi ! Elle est pas claire cette nana ! T'as vu la belle-famille ? Mais on n'épouse pas la famille ! Mais je ne l'aime pas ! Et si je n'y allais pas ? Et si je disais non ?...* »

Non, je n'ai pas eu le courage de renoncer : la famille, les copains, ils étaient déjà tous arrivés... je me suis senti piégé mais j'y suis allé tout de même. Cette lâcheté m'a gâché 15 ans de ma vie, de mes plus belles années, et même si elle m'a permis d'avoir deux beaux enfants, à quoi bon puisque aujourd'hui, contre toute attente, ceux-ci me rejettent et me tournent le dos. Ce sera là le seul regret de ma vie. Mais quel regret !

Une chaleur étouffante, en cette fin juillet 1976, une année de sécheresse sans précédent. Malgré cela, les cérémonies à la mairie du 20°, à l'église de Belleville ainsi que notre réception se sont bien déroulées : je me souviens d'un Yvon qui dansait un rock endiablé avec une vague cousine et qui ne s'aperçut même pas qu'il dénudait lentement sa cavalière au rythme infernal de ses passes. Celle-ci avait déjà un sein complètement à nu, lequel par une soudaine liberté retrouvée, virevoltait allègrement. C'était très drôle.

Quelques jours après, nous nous envolions vers Tananarive, à Madagascar pour notre voyage de noces, accompagnés de mon neveu François et de sa maman Sylvaine, qui étaient venus à la noce. En effet, mon frère Marcel, qui était en poste là-bas, faisant fonction de Ministre de la Santé auprès du Président RATSIRAKA, n'avait pu se joindre à nous pour la noce. Il nous avait donc proposé gentiment ce voyage et nous avait invités.

C'était la première fois que "votre mère" prenait l'avion. Jamais je n'aurais pensé qu'on puisse avoir une réaction aussi primaire : elle crevait de peur. Cela avait commencé bien avant le départ et s'empirait d'heures en heures. J'eus beaucoup de mal à la raisonner pour la faire monter dans l'avion. On aurait pu croire qu'elle se rendait à son supplice ! Sans aucun amour propre, elle fit son cinéma devant tout le monde. Crispée durant tout le vol, cela a été infernal. François n'avait que 8 ou 9 ans, mais qu'est-ce qu'il rigolait !

Marcel et Sylvaine nous accueillirent et nous reçurent comme des rois. Sylvaine passa beaucoup de temps avec nous. Elle nous fit découvrir ce beau pays peuplé de gens d'une gentillesse extraordinaire. Elle nous accompagna partout où il y avait de jolies choses à voir : Nosy Bee une petite île paradisiaque du nord avec ses plages désertes ainsi qu'une île voisine, réserve de makis ; Antsirabe la ville coloniale, mais aussi la forêt tropicale, sa végétation avec ses magnifiques orchidées et sa faune ; Tananarive, ses bougainvillées, ses taxis cocasses aux sièges défoncés et aux roues rapiécées (1 franc la course, 1.5 franc en ville haute, mais attention à la descente, ils coupent le moteur...), son Zouma, marché du vendredi avec ses couleurs, ses pierres semi-précieuses et puis cette odeur forte, nauséabonde et omniprésente qui flotte sur la ville, le palais du roi et celui de la reine qui, malheureusement, brûla quelques temps après notre retour...

Après trois belles semaines passées là-bas, il fallait songer au retour. "Votre mère" tomba malade trois jours avant. Elle était pâle, ne pouvait rien avaler sans aller tout rendre. J'étais assez inquiet, une maladie tropicale étant toujours envisageable, malgré les vaccins que nous avions eu la précaution de nous faire faire avant le départ. Heureusement nous avions un excellent médecin parmi nous. C'est en rigolant que le docteur Marcel me rassura en me donnant le diagnostic, car il n'avait encore jamais rencontré cela : il s'agissait d'une *"trouillite aiguë"*... elle était morte de trouille à l'idée de reprendre l'avion... Quelques piqûres la remirent cahin-caha sur pied. Le retour fut à l'identique qu'à l'aller, infernal !

Je passerai sur les réflexions qu'elle fit à mon frère, telle celle où elle lui avoua *"avoir fait une bonne affaire en m'épousant"*. Je passerai sur tous les problèmes et les caprices qu'elle nous imposa pendant ce séjour, telle l'histoire de son coup de soleil sur le nez, suspens intenable, qui nous tint en haleine pendant près de trois semaines. Certains me firent honte devant mon frère, sa famille et même devant les domestiques, mais je laisserai le soin à Marcel de vous en raconter quelques-uns la prochaine fois que vous le verrez, vous pourriez croire que j'exagère.

NOTRE VIE CONJUGALE

Une fois notre voyage de noces terminé, la vie reprit normalement. Au boulot, ils m'attendaient de pied ferme tellement il y avait de travail. Il m'arrivait alors souvent de finir très tard le soir. En effet, quelle que soit l'heure à laquelle je me rendais chez un client pour une réparation, je ne pouvais en repartir qu'une fois l'appareil en état de marche correcte.

Pendant ce temps, la vie conjugale s'installait et tout doucement je me rendais compte que ce n'était pas ce que j'attendais. Je pensais, et je pense toujours, qu'une vie de couple est faite de confiance l'un dans l'autre, de tendresse réciproque, de partage de joies mais aussi parfois de peines, mais surtout de complicité. Je croyais que lorsque je rentrerai à la maison, je serai accueilli par ma petite femme, qu'elle s'occuperait de moi comme je m'occupais d'elle. Je pensais que nous organiserions notre vie ensemble, que nous ferions des projets et surtout que nous les réaliserions. Peut-être parce que moi, je suis heureux si je peux rendre l'autre heureux, je pensais que chacun ferait en sorte de rendre l'autre heureux par tous les moyens, et si ce principe avait été réciproque, ça aurait pu être acceptable !

Hélas, rien de tout cela et la réciprocité n'a jamais été de mise. J'étais toujours le seul à faire des efforts, seul à faire le premier pas, seul à faire des concessions. Elle boudait souvent, et il arrivait même que cela dure plusieurs jours... Que de déceptions ! Lentement, je m'enfonçais vers une petite vie médiocre et sans intérêt. "Votre mère" était tellement égocentrique que rien à part elle n'existait. Tout ce qui comptait, c'était elle.

Le "*devoir conjugal*" se révéla de plus en plus décevant. Jusqu'alors, "votre mère" n'avait jamais connu le plaisir suprême, aussi m'étais-je employé à tenter de le lui faire connaître. Avec beaucoup de patience, de douceur et de tendresse, je m'appliquais et fis le maximum, mais c'était sans compter sur sa farouche détermination à ne pas y arriver : « *Ce n'est pas la peine que j'essaye, de toute façon je n'y arriverai pas* », affirmait-elle sans arrêt. Ce curieux principe semblait être celui qui pilotait sa vie de chaque instant et s'appliquait bizarrement dans ce domaine aussi. Ce refus de jouir me laissait perplexe et me faisait beaucoup de peine : lorsque nous faisions l'amour, elle ne faisait aucun effort, se tenait immobile sans jamais participer, n'avait aucune réaction à mes caresses et attendait que cela se passe. Dans un de ces moments, il lui arriva même un jour de me proposer : « *Et si je faisais un rôti de porc pour demain ?* ». Bonjour, la délicatesse ! Or, un jour à force de persévérance, de patience et de décence, j'ai failli réussir, mais au moment crucial, elle me repoussa et refusa de continuer : « *Ce n'est pas la peine d'essayer...* ». Il n'aurait pas fallu déroger au principe...

Tout doucement, elle organisait sa frigidité. Les gestes de tendresse se faisaient rares, elle n'avait bien sûr jamais envie de faire l'amour. Jusqu'au jour où elle m'avoua qu'avant, elle n'avait fait l'amour avec moi que pour me décider à l'épouser mais que maintenant cela n'avait plus d'importance et il faudrait donc que je m'y fasse. Elle se mit à dormir toutes les nuits avec sa culotte et de longues chemises de nuit, ce qui devait, sans doute, la dispenser de son devoir conjugal... Coincée elle était, coincée elle voulait rester ! Plus tard, lors de l'enquête sociale, elle avouera à Madame BONNARD qu'elle avait recherché "un père" en moi et qu'elle ne m'avait jamais considéré comme "un mari". C'est pour cela qu'elle me rejetait et me repoussait.

Malgré toute ma bonne volonté et tous mes efforts, malgré ma bonne humeur, mon dynamisme et mon optimisme naturel, je n'ai jamais vu "votre mère" heureuse. Il y avait toujours quelque chose qui n'allait pas. C'était désespérant. Quand ce n'était pas un bobo quelque part et elle avait toujours quelque chose, c'était un problème qu'elle créait de toute pièce. On nageait parfois en plein délire, en permanence dans des problèmes que je passais mon temps à tenter de résoudre. Elle les créait et ensuite me les refilait pour que je les résolve. Par exemple, elle faisait des histoires au téléphone, puis me passait le combiné pour que je continue dans son sens : un jour, nous n'avions pas payé la facture d'électricité et l'EDF nous coupa l'alimentation électrique. Erreur de notre part, enfin de sa part car c'est elle qui vérifiait à la maison le bon paiement des factures. Elle appela alors le directeur de l'EDF et le menaça de poursuites car, affirmait-elle, comme son mari travaillait sur ordinateur, du fait de la coupure, celui-ci avait perdu tout son travail de la journée et elle demandait des dommages et intérêts (sic). Comme à son habitude, elle me passa le combiné. Mort de honte, je m'excusais auprès de ce monsieur et lui promis d'envoyer le chèque immédiatement. J'obtins aussi qu'il nous rouvre l'alimentation électrique dans la journée.

"Votre mère" râlait sans arrêt et n'était jamais contente, je la surnommais « *La Jamais Contente* », nom de cette voiture qui gagna les 24 Heures du Mans dans les années 20. Mais la différence était que ce surnom avait été donné à cette voiture car elle (ou son propriétaire) voulait toujours aller au-delà de ses possibilités et n'était pas jamais contente de ses résultats, tandis qu'avec "votre mère", c'était tout juste le contraire. Négative au possible, rien ne la contentait. Dans nos discussions, il fallait toujours qu'elle ait raison et n'acceptait jamais le point de vue de l'autre. On se disputait sans arrêt, sans possibilité, bien sûr, de se raccommoder sur l'oreiller. Alors, elle boudait, elle boudait parfois plusieurs jours durant et je devais toujours, toujours faire le premier pas. A la longue, c'était fatiguant et je pris vite l'habitude de la laisser bouder pour avoir la paix et de ne plus discuter. Notre communication se limitait donc aux banalités et aux ragots et se fit de plus en plus pauvre par la suite pour devenir quasi-inexistante.

Quand je lui demandai quelque chose, elle faisait systématiquement le contraire : j'aimais les cheveux longs, alors elle se mit à couper les siens de plus en plus courts. Elle compliquait les choses les plus simples et les plus évidentes. Peut-être était-ce dans le but de se prouver à elle-même qu'elle était capable de changer les choses ou, bêtement, de voir si ses caprices marchaient sur moi. Cela relevait de la bêtise élémentaire et de l'immaturité chronique. Son deuxième principe de vie était : « *Pourquoi faire simple quand on peut faire compliqué ?* », ce que l'on pouvait vérifier chaque jour avec elle. Elle était en fait plus têtue qu'intelligente et je la croyais alors plus bête que méchante. L'avenir me prouvera le contraire.

Son caprice préféré était de tenter de me faire rester avec elle à la maison pour ne pas rester seule, dès qu'elle avait le moindre bobo : « *Reste, ne vas pas travailler, ne me laisse pas seule...* ». Comme ce jour où elle se rendit malade à l'annonce du suicide de Mike BRANT, son chanteur favori... J'avais beau lui expliquer que j'avais des rendez-vous, du travail et que son état ne justifiait pas une telle attitude, c'était en vain. C'était une vraie gamine et je n'étais pas baby-sitter !

Elle passait son temps à chercher des régimes inédits, cherchant même à m'entraîner dans cette folie. Tous les lundis matins, elle commençait un nouveau régime. Cela ne durait pas, mais cela l'occupait. La séance de la pesée hebdomadaire valait son pesant de cacahuètes. Je la voyais se balader nue dans la maison, sa balance à la main, et se pesant une fois dans la cuisine, une fois dans la chambre, une autre fois dans le salon, puis de nouveau dans la cuisine, etc. Le rituel était toujours le même : après avoir positionné l'aiguille sur le zéro en tapotant du bout du pied le plateau de la balance, elle se pesait en montant sur la balance en commençant du pied droit, puis en descendait pour y remonter du pied gauche. Bien sûr, chaque pesée donnait un résultat différent et elle repartait à la recherche d'un lieu, pied droit, pied gauche, qui lui aurait donné le résultat qu'elle désirait...

Nous ne recevions plus personne. Les rares copains qui nous rendirent visite ne revinrent jamais. Seuls mes copains Dany et Marcel trouvaient grâce à ses yeux et furent les seuls amis que nous fréquentâmes en région parisienne. A Voiron, à part sa famille et nos voisins écossais, Jack et July, qui nous rendaient nombre de services, nous n'avons jamais invité personne. J'avais assez honte et ne voulais pas que mes collègues voient dans quel dénuement moral je vivais.

Nous ne faisions plus rien non plus. Les week-ends devaient obligatoirement se passer à Berny, chez ses parents. Le reste du temps se passait devant la télé. Nous n'allions plus au cinéma non plus. J'avais renoncé aux ballades en forêt, car sur Paris, avec les embouteillages, le retour était toujours très éprouvant, mais aussi, chaque fois que nous allions en forêt elle chaussait ses hauts talons de telle sorte que ces ballades se faisaient sur la route, à la lisière de cette forêt... Elle n'aimait pas beaucoup sortir, n'allait jamais dans le jardin, n'aimait pas la pluie, fuyait le soleil, avait horreur de la neige...

Comme vous le savez, j'aime bien bricoler, je n'ai pas peur de me lancer et sans me vanter, j'ai à mon actif quelques belles réalisations. "Votre mère" non seulement ne m'a jamais aidé, ni soutenu, mais au contraire m'a toujours découragé : « *Arrête, maintenant, tu finiras un autre jour !* » ou bien « *Y-en-a marre de ton bricolage !* ». Elle a toujours découragé mes projets et j'ai toujours ressenti son action négative comme un frein permanent. J'avais l'impression d'avoir un boulet au pied que je devais traîner ou de pédaler sur un tandem pour avancer tandis qu'elle se tiendrait debout sur les freins. C'était épuisant. Aussi, pris-je rapidement l'habitude d'entreprendre seul et de la laisser rouspéter seule. De même, il ne m'était jamais possible de m'amuser ou de faire le fou comme j'aimais le faire quand j'étais plus jeune : « *Arrête, tu vas te faire remarquer !* », me disait-elle toujours. Avec elle, il fallait toujours arrêter, ne rien faire : elle était vraiment le boulet qui empêche d'avancer !

En 1977, je me portai volontaire pour participer à l'ouverture de notre agence du nord de Paris, à Villepinte (93). Nous pouvions en profiter pour nous installer dans une maison individuelle des environs et fonder une famille. Cela ne fut pas si simple. D'abord courir les agences, puis visiter, ne pas répondre à ses caprices et enfin tomber d'accord sur nos critères de choix. A Bondy, à deux pas de mon bureau, au 15 de la rue Du Diable, nous avions trouvé une petite maison de plain-pied, avec un petit jardin, un cerisier et un prunier, bien protégée des regards extérieurs mais malheureusement avec un environnement de cité dortoir important et son lot d'immigrés, Bondy 3000. Un beau jour que nous re-visitions, cette maison, elle me déclara, affolée, qu'il était impossible d'habiter là et qu'il ne fallait pas acheter cette maison : « *Il n'y a pas de rideaux !* ». Sourire crispé, j'eus toutes les peines du monde à lui expliquer qu'on achète toujours une maison vide et que les rideaux, c'est nous qui les installons. « *Mais je ne sais pas les faire, on ne peut pas vivre ici, on peut pas l'acheter !* ». Une fois encore, je dus faire preuve de patience pour lui expliquer que si elle ne savait pas faire, moi je savais et qu'avant de s'affoler, elle devrait plutôt me demander et qu'on ferait les choses ensemble. Mais cela, elle ne l'a jamais compris. A partir du moment où elle ne sait pas, elle considère que personne ne sait. Son père ne bricolait jamais, donc il lui était impensable que je puisse savoir. Ce n'était même plus une question de confiance en l'autre, c'était plus grave ! Cette histoire de rideaux, s'ajoutant au reste, m'a, déjà à cette époque, fait poser beaucoup de questions sur l'état mental de "votre mère".

La proximité de Bondy 3000 la rendait dingue. Elle avait la trouille des cambriolages, l'obsession des arabes qu'elle voyait partout. Il est vrai qu'elle s'est fait piquer son sac une fois ou deux. Elle fit alors venir un représentant et signa l'achat d'une alarme, très chère à l'époque, me mettant devant le fait accompli. Celle-ci ne fonctionna jamais correctement mais ainsi lui a permis de calmer un peu ses angoisses. A Voiron, je la réinstallai mais je ne l'ai jamais remise en route.

Un beau jour, "votre mère" m'appela au bureau et me dit le plus naturellement qu'il soit : « *Bon, voilà, le plombier est là et me dit qu'il doit absolument changer le robinet. Qu'est-ce que je fais ?* ». Ne comprenant pas ce qu'un plombier pouvait bien faire chez nous, je demande des explications. J'étais furieux ! Ecœuré ! Comment ! Pour une petite fuite au niveau du robinet du WC, elle appelle un plombier ! Alors qu'un petit tour de clé à molette aurait suffit, tout au plus un joint à changer ! Si cela avait été grave, en deux minutes, j'étais à la maison ! Celui-ci, bien sûr faisait payer le déplacement, le temps passé et était même prêt à changer toute l'installation ! J'ai alors ressenti une profonde humiliation de voir qu'elle n'avait même pas pensé à m'appeler avant, ni même songé un instant que j'aurai pu régler seul cette petite fuite. Non, elle, elle ne savait pas faire, donc je ne savais pas non plus ! Elle vivait dans son petit monde étroit où les autres étaient à son image. J'étais donc pour elle incapable de faire ce qu'elle ne savait pas. Elle n'avait non plus aucune idée de ce que je pouvais ou savais faire ! Et cette fois encore, elle avait créé un problème en appelant ce plombier et voulait me laisser le régler en me le passant au téléphone.

Par contre pour m'appeler au bureau quand il n'y avait rien d'urgent, là "votre mère" savait faire. Elle me dérangeait sans arrêt, appelait mon chef et lui demandait où j'étais, lui demandait le numéro de téléphone de mes clients et me dérangeait chez eux, se permettant des réflexions déplacées sur mes horaires de travail. Elle me faisait honte et c'était infernal. Quand je devais rentrer plus tard, je devais l'appeler pour lui dire à quelle heure je pensais avoir fini mais pour peu que je donne une heure et que je ne sois pas là à cette heure précise, c'était le drame ! Un jour, j'étais allé à Reims pour un dépannage, une bonne heure et demi de route. Parti l'après-midi, je ne pouvais être de retour avant 21h, ce que je lui annonçai. De retour à 21h10 à la maison, je trouvai "votre mère" en larmes au téléphone dont elle me passa le combiné. En ligne, mon chef, Jean-Louis MATULET, qu'elle avait dérangé chez lui, d'abord pour lui demander si j'étais bien allé chez ce client-là, ensuite pour l'engueuler car, d'après elle, on n'envoie pas faire des dépannages aussi loin, aussi tard... mais aussi pour lui faire part de toutes ses angoisses et de ses anxiétés. Cela faisait déjà dix minutes que celui-ci, plein de tact et de politesse, tentait en vain de la calmer et de la raisonner. Jean-Louis me demanda alors de régler ce problème et de veiller surtout à ce que cette femme "fragile" ne le dérange plus chez lui et ne me dérange plus non plus au bureau ! Et par "fragile" il fut très clair... "Votre mère" m'avoua ensuite qu'avant de l'appeler, elle avait fait le tour de tous les hôpitaux, toutes les gendarmeries entre Reims et ici car elle craignait qu'il me fût arrivé quelque chose. Je ressentis alors une impression d'étouffement, surveillé et épié en permanence, pris dans un piège dont je ne voyais pas d'issue. Je sentais ma propre liberté se restreindre et c'était de plus en plus insupportable. Pourtant, "votre mère" connaissait depuis le début la nature accaparante de mon travail et savait que je me déplaçais beaucoup, sans avoir d'horaire précis.

Où que je sois, quoi que je fasse, il fallait, dans son esprit, que je sois à sa disposition et que je rapplique immédiatement pour régler tel ou tel problème, pour venir la chercher à la gare, ou pour l'emmener faire des courses. Elle n'était pas motorisée et ne voulait pas l'être. J'ai insisté lourdement et longuement avant qu'elle ne se décide enfin à acheter une voiture, mais elle avait décidé dans sa tête qu'elle ne pouvait pas passer les vitesses et qu'il lui fallait donc absolument acheter une voiture à boîte automatique. C'était comme ça, on ne pouvait pas faire autrement. Cette voiture n'existait pas dans la gamme de prix que nous pouvions mettre et ce caprice nous amena à acheter pour cette "handicapée" de l'embrayage une voiturette "sans permis", la Microcar.

Munie d'un moteur deux temps de mobylette, cette caisse à savon se traînait à 40 km/h maxi en descente, tombait en panne tous les 10 km (je devais quitter mon travail pour venir démonter et nettoyer le gicleur, car ça, elle ne savait pas le faire non plus), n'avait pas de chauffage, bref une honte. D'autre part, aucune sécurité possible à bord, mais au moins était-elle indépendante et pourrait-elle me fiche la paix un moment ! Dans le même temps, je la forçais à conduire ma voiture de fonction lorsque nous allions chez ses parents, mais elle trouvait cette voiture trop puissante et trop grosse pour elle et en plus, il fallait débrayer pour changer les vitesses, ce que bien sûr, elle ne pouvait pas faire... Malgré un magnifique tête-à-queue qu'elle nous fit un jour sur l'autoroute, j'insistais et j'insistais. C'est grâce à cette insistance qu'elle put plus tard conduire des voitures plus importantes encore que celle que j'avais à l'époque. Pour venir à Voiron, nous avons revendu la Microcar car, malgré sa demande, je n'ai pas voulu l'emmener.

Cette indépendance nouvellement retrouvée lui permit de se lancer dans son nouveau jeu : la chasse au médecin. En effet "votre mère" se demandait toujours si le petit bobo qu'elle avait était normal et devait demander l'avis d'un médecin. L'avis de celui-ci ne la satisfaisant pas, elle allait en consulter un autre puis un troisième, parfois plusieurs dans la même journée. En fait elle revenait à son idée première d'une relation avec un ingénieur ou un médecin. A ce moment-là, une fois les enfants mis à l'école et puisqu'elle ne travaillait pas, elle décida de consulter tous les médecins d'Bondy et des communes environnantes l'un après l'autre. Sous des prétextes futiles ou des maladies imaginaires, elle consultait, revenant avec des quantités de médicaments en tout genre qui s'entassaient à la maison. Cette obsession maladive la conduisit un beau jour chez un jeune médecin... et en rentrant, je trouvai "votre mère" excessivement perturbée. Après avoir longuement tenté de la calmer, je lui demandai de me raconter ce qui se passait : je fus effaré ! Ce jour-là, elle avait consulté cinq médecins, chacun avait prescrit un traitement différent, mais le dernier avait été plus loin et en opposition avec toute déontologie, l'avait "sautée" dans son cabinet. Là, je ne comprenais plus : elle si frigide et si fière de l'être, avait l'obsession de se faire prendre par un médecin ! Etait-ce la première fois ? Peut-être, mais en tous cas je sus plus tard que ce ne fut pas la dernière car sur Grenoble elle recommença.

Non, "votre mère" ne m'a jamais rendu heureux et je dirais plutôt même qu'elle m'a rendu malheureux. Et pourtant, sa mère nous répétait sans cesse : « *Vous avez tout pour être heureux : deux beaux enfants, un métier, une belle maison, une voiture, un chien...* ». Et oui, encore fallait-il le vouloir ! Je ne pouvais éternellement lutter contre un mur, subir des caprices, être mis devant le fait accompli par des décisions qu'elle prenait seule et qui m'impactaient directement, je n'en pouvais plus. Cet ensemble de problèmes qu'elle me créait, cette vie minable qu'elle me faisait vivre, notre voisinage désagréable, sa trouille de Bondy 3000 et de tout le reste, ses angoisses permanentes, nos week-ends interminables chez ses parents, la circulation parisienne, tout cela m'occasionnait un tel dépit que celui-ci me poussa, pour tenter de changer tout cela, à accepter le poste qu'on me proposait à BULL Grenoble.

BONDY
ET NOS DEUX ENFANTS

A l'époque, quelqu'un, je ne sais plus qui, m'avait dit : *« Tu l'as voulu, maintenant tu assumes ! »*. Conscient de mes erreurs et de mes responsabilités, il ne me serait jamais venu à l'esprit, à l'époque de divorcer. Malgré tout ce qu'elle me faisait endurer, "votre mère" restait mon épouse. Je ne connaissais personne d'autre et je n'avais pas le temps d'avoir une vie parallèle.

Alors, ce que nous avons pensé pour arranger notre situation, c'était de faire un enfant. Un enfant, le croyais-je, pourrait nous rapprocher l'un de l'autre et on aurait pu repartir d'un bon pied. C'est ainsi que nous avons déterminé la période la plus favorable de fécondation et nous avons fait un enfant. Comme cela n'avait pas marché la première fois, nous recommençâmes le mois suivant. Nous venions juste d'emménager dans notre nouvelle maison de Bondy.

"Votre mère" n'eut aucun problème de santé pendant sa grossesse et sur le plan physique, celle-ci se déroula parfaitement. Son ventre s'arrondissait vers l'avant : c'était un garçon et j'en étais très heureux.

Aussitôt son état confirmé, elle tint à faire le voyage à Berny pour annoncer à ses parents la bonne nouvelle. Quelle déception ! Moi qui m'attendais à une explosion de joie, comme dans toute famille où le premier petit-enfant est annoncé. Là, j'avais l'impression d'être tombé sur un enterrement ! Ce jour-là sa mère fit semblant de n'avoir rien entendu. Puis, par la suite, pendant toute la durée de cette grossesse, elle a feint d'ignorer complètement l'état de "votre mère". Elle qui avait eu trois enfants, aurait pu donner quelques conseils, l'encourager, la soutenir... Non, il était absolument interdit de parler de ce sujet tabou lorsque nous étions à Berny. Officiellement, à Berny, "votre mère" n'était pas enceinte et c'était tout à fait normal !

Entre temps, nous accueillîmes Moka à la maison, cette brave chienne dont je parlerai un peu plus tard dans un chapitre séparé. J'avais aussi recueilli Miko, un petit chat de quelques semaines qui s'était jeté sous mes roues, un soir en rentrant. Atteint de quelques contusions, il fut bien soigné et bien traité et nous l'avons adopté. Il jouait bien avec Moka, mais Moka n'aimait pas trop ce petit plaisantin.

Au fur et à mesure que le jour de la délivrance s'approchait, les angoisses de "votre mère" se firent de plus en plus importantes. Le trouillomètre s'affolait et rien ne la calmait. Ayant entendu parlé de la toxoplasmose, maladie propagée par les chats et préjudiciable aux fœtus, elle voulut soudain se débarrasser de ce brave petit Miko. J'eus beau la raisonner, lui dire que Miko ne sortait pas de la maison, que les risques étaient minimes, qu'il était vacciné,... rien n'y fit. Je dus, mort de honte, me rendre à la SPA pour faire acte d'abandon de ce petit animal. Je n'ai jamais pardonné à "votre mère" ce caprice inutile et imbécile.

Ce samedi 11 mars 1978, nous prenions tranquillement le petit-déjeuner vers 9h, quand "votre mère" perdit les eaux et eut les premières contractions. La clinique de Villepinte était à deux pas, on y serait vite. Avec un trouillomètre bloqué à son extrême, il fut très difficile de la calmer et de lui faire faire les exercices de respiration qu'elle avait appris lors des cours de préparation auxquels j'avais assisté en prévision. Je dus faire ces respirations avec elle. Néanmoins, tout s'est bien passé et j'assistais avec beaucoup d'émotion à ta naissance, mon petit Rodrigue : tu vins au monde à 12h20.

Rentré à la maison, je pris le téléphone pour annoncer la nouvelle à la famille et aux amis. A

Berny, ce fut celle qui désormais était votre grand-mère qui répondit d'un : « *Ah bon !* » et qui raccrocha. Quelques temps après, son mari, votre grand-père, rappelait pour avoir des détails. C'est également au courant de cet après-midi-là, vers 16h que l'on apprit la mort accidentelle de Claude FRANÇOIS, le chanteur populaire. Le lendemain, les nouveaux grands-parents débarquaient à la clinique et le sujet tabou semblait définitivement levé. Votre grand-mère était très heureuse et « tout il était beau, tout il était gentil ».

Moka était venue t'accueillir à la sortie de la clinique. Je t'avais préparé, Rodrigue, une petite chambre, tout en bleu, sympa et calme avec plein de jolis posters d'animaux. Tu fus un très gentil bébé, très souriant, faisant bien tes nuits. Le soir, pour t'endormir, je te mettais une cassette enregistrée de musique classique que je changeais souvent et tu aimais beaucoup cela. Je m'occupais beaucoup de toi. C'était toujours moi qui te donnais le biberon, mais tu rendais souvent ton repas : tu me regardais avec ton grand sourire et blourrrrp ! C'était pour ma chemise ! De même, je n'avais pas mon pareil pour te faire faire ton petit rôt. Bien sûr, compte tenu de ce risque, donner le biberon ne pouvait être que pour moi, "votre mère" ne le faisait jamais, il n'aurait pas fallu salir sa robe ! De même, quelque soit l'heure à laquelle tu te réveillais la nuit, c'était toujours à moi de me lever.

Plus tard, Rodrigue, tu inventas ton propre langage : « *YA* » pour un yaourt, « *MA* » pour fromage, « *GA* » pour la viande, etc. C'était très rigolo. De même tu m'appelais « *DADA* », ce que je trouvais super sympa, mais ça ne plaisait pas à "votre mère", qui, bêtement et malgré mon opposition, te força à m'appeler "PAPA". C'est toi qui donnas le nom de "Didi" à ta grand-mère, un jour de vacances à Berneuil. Du coup, nous décidâmes d'appeler ton grand-père "Dady". Ça réglait le problème du Pépé/Mémé ou Papy/Mamy. Moi aussi je t'avais trouvé un petit surnom : "*Roudoudou*", il t'allait très bien.

Très vite, ce premier petit-enfant de la famille, que tu étais, fut adulé par celle-ci. Il n'y en avait que pour toi et il fallait toujours que nous allions à Berny, ce qui nous laissait peu de temps pour profiter de notre petit jardin que je m'étais bien occupé à fleurir. Ce manque de liberté me pesait de plus en plus, mais par contre, ce bébé m'occupait beaucoup et me faisait oublier nos problèmes de couple sans toutefois les régler. C'est ainsi que j'ai voulu que tu aies une petite sœur. Jamais je n'aurais voulu te laisser ainsi être élevé en fils unique dans de telles conditions.

La deuxième grossesse se passa heureusement mieux que la première. Il n'y avait plus de tabou. Le ventre s'arrondissait tout autour de la taille : cette fois-ci, c'était une fille. La perte des eaux se fit dans les mêmes conditions que pour Rodrigue, au petit-déjeuner de ce dimanche 17 février 1980. Une fois encore le trouillomètre était bloqué. C'est vers 10h20 que tu es née, Elodie et j'ai eu l'occasion de poser ma caméra pour l'événement. On peut t'y voir criant déjà alors que seule la tête était dégagée : pour sûr, tu étais une fille ! Je tiens bien évidemment cette bobine de film à ta disposition si tu veux la voir.

Tu échappas heureusement, mais de peu, au prénom "Aurélie", donné à la moitié des petites filles de l'époque. Toi aussi, Elodie, tu fus un adorable bébé. Rodrigue, t'aimait beaucoup et il était très gentil avec toi : il t'appelait « *le bébé à maman* ». Vous étiez inséparables. Là encore, c'est moi qui m'occupais du biberon, du petit rôt et c'était moi qui me levais la nuit. Peut-être avais-je donné une mauvaise habitude, mais j'en étais ravi. Et puis, Elodie, tu profitais aussi de la musique pour t'endormir. Mais tu avais déjà ton caractère. Tu piquais des colères froides durant lesquelles ton œil clair fonçait jusqu'à devenir noir. Je me souviens de toi, frappant la table avec ta petite cuiller et criant : « *Ai dit non, ai dit non !* ».

Il ne s'est jamais passé un soir que je n'aille vous rendre visite tous les deux dans votre chambre une fois couchés. Je posais alors doucement ma main sur votre épaule, comme pour vous rassurer mais aussi pour vous dire que j'étais là et serai toujours là pour veiller sur vous.

C'est toujours moi qui jouais avec vous, je jouais souvent avec l'un de vous ou nous jouions tous ensemble. Tous les soirs nous regardions tous trois les "Chiffres et les Lettres" à la télé, cette fameuse émission quotidienne qui te fit apprendre l'alphabet tout seul, Rodrigue, alors que tu ne savais pas encore parler. Souvent vous vous endormiez dans mes bras et j'avais alors un sentiment extraordinaire de fierté et de joie. Si ma vie de couple ne me donnait aucune satisfaction, je me rattrapais dans mon rôle de père. Je crois ainsi vous avoir donné une petite enfance heureuse. Vous étiez trop petits pour vous rendre compte de la tension qu'il y avait entre vos parents et c'était peut-être mieux ainsi.

C'est à Bondy que j'ai commencé à fabriquer ton "Tacot", Rodrigue, cette chambre complète avec coffre à jouet, bureau, armoire et lit, le tout condensé dans un meuble à la forme d'une vieille voiture. J'avais commencé par l'armoire car il fallait bien mettre tes affaires quelque part. Je le terminais à Voiron. C'est aussi à Bondy que nous avons fait une manif, tous les trois, avec pancarte pour exiger de "votre mère" qu'elle nous cuisine des pâtes : « *On veut des nouilles, on veut des nouilles*

! », ce qu'elle refusait jusqu'à présent. En effet, cela nous aurait fait une chance d'avoir quelque chose de bon à manger, elle si piètre cuisinière.

Outre les maladies infantiles normales et tes petits problèmes d'otite, Rodrigue, qui nous poussèrent à te faire opérer des végétations pour les régler définitivement, vous avez toujours été en excellente santé. Aussi déplorè-je les médicaments quotidiens que "votre mère" vous faisait ingurgiter en doses homéopathiques. Complètement inutiles, ceux-ci ne servaient, à mes yeux, qu'à te pourvoir en petits jouets puisque, contre mon avis, elle vous donnait les tubes vides. Je l'avais prévenue, mais rien n'y fit, et bien sûr, Rodrigue, tu ne faisais pas de différence entre un tube vide et plein et tu trouvais très rigolo toutes ces petites billes qui rebondissaient sur le carrelage dès que tu ouvrais un nouveau tube... Il y en avait partout ! Ce jour-là, je me suis fermement opposé à ce qu'elle te grondât, elle seule en était responsable !

Un jour, lors d'une discussion banale avec mes copains Dany et Marcel, "votre mère" déclara : « *De toute façon, ma fille n'aura pas la pilule avant ses 18 ans !* ». Incroyable ! Tu venais à peine, Elodie, d'avoir deux ans ! Je lui répondu alors que, d'abord, il s'agissait de "notre" fille, qu'ensuite il eut été bon d'en discuter ensemble avant d'affirmer de telles inepties mais surtout que notre fille pourrait toujours, pour ces problèmes et dans ces conditions, venir voir son père qui se ferait un devoir de lui donner ce que toute jeune adolescente est en droit d'avoir pour se protéger d'une grossesse non désirée mais aussi que son père resterait toujours à l'écoute de ses besoins. Je trouvais d'une rare bêtise ce type d'affirmation et inadmissible une attitude aussi rétrograde. En effet, avec l'évolution actuelle de la société, comment préjuger des mœurs qui auront cours dans 15 ans ? Par exemple, aujourd'hui, nous avons le Sida et le préservatif est obligatoire. Je ne sais ce qu'il en est aujourd'hui pour toi, Elodie, qui as 16 ans maintenant, mais j'ai entendu dire que "votre mère" faisait obstruction lorsque tu voulais sortir avec un garçon. Rodrigue, tu dois certainement avoir les mêmes difficultés, même à 18 ans. Je suppose que ce ne doit pas être évident de vivre ainsi coincé avec une telle mentalité maternelle et possessive, mais n'avez-vous pas choisi ?

A Bondy, vous êtes allés à l'école très tôt, à deux ans et votre maîtresse, Madame BENHAMOU, (vous en rappelez-vous ?) vous aimait beaucoup. Je vous emmenais souvent jouer dans le grand parc en face et à la maison, dans le jardin fermé, vous étiez en sécurité. Quand nous quittâmes Bondy pour Voiron, vous alliez respectivement sur vos 3 et 5 ans.

LES VACANCES

Une fois que je commençais à gagner ma vie, j'avais besoin de vacances. Pour mes premières vacances, je suis allé au Club Med. Cela faisait longtemps que j'en entendais parler. J'y ai passé des moments extraordinaires. A Cadaquès, l'été, en Suisse l'hiver. En effet, ayant appris à skier très tard, j'avais 22 ans, je fis plusieurs stages d'hiver au Club Med de Leysin, le Charleston. Ski toute la journée avec un GO, repas de midi en haut de la montagne avec vin chaud, bon dîner et spectacle, super ambiance.

Quand j'ai connu "votre mère", il me semblait tout naturel qu'elle vint avec moi. Je l'emmenai donc à ce même club pour une semaine de changement. Comme elle n'avait jamais fait de ski et qu'elle ne connaissait pas, elle accepta de commencer et de prendre des cours débutants en ski de piste. Bien sûr, nous ne skiions pas ensemble et le premier soir je la retrouvais pour connaître ses impressions. Ce premier jour de ski avec les autres débutantes avait été formidable : « *Je ne me suis jamais autant marré de ma vie, le ski, c'est génial, disait-elle, on se marre !* ». Pourtant, le lendemain elle n'y retourna pas, ni les jours suivants d'ailleurs. C'était terminé. Avant de venir, elle avait décidé que le ski n'était pas pour elle et il ne fallait plus lui parler de ski de piste. L'année suivante, je réussissais tout de même à la convaincre de retourner au Club Med d'hiver pour cette fois faire du ski de fond, puisque maintenant le ski de piste lui faisait peur. Peut-être était-ce plus à sa portée ? Mais cette fois-ci, elle s'arrêta à la première demi-journée. Encore une fois, elle avait décidé dans sa tête qu'elle ne pouvait pas faire de ski et c'était comme ça ! « *C'est pas la peine que j'essaye...* ». Je ne suis plus jamais retourné au Club Med avec elle.

Passionné de bridge, j'ai toujours regretté le peu de dispositions de "votre mère" pour les jeux de cartes. Par contre, votre grand-père était très intéressé par une initiation et puisque nous allions souvent à Berny, autant en profiter, à sa demande, pour apprendre à tout le monde à jouer. Je préparais alors des petites fiches pour aider aux annonces et au jeu de la carte et tous les samedis soir nous jouions, enfin tentions de jouer... Nous avions formé deux équipes, Didi et Dady contre "votre mère" et moi. Le résultat était bien piètre : incapables de se concentrer et d'annoncer correctement, les deux femmes parlaient chiffons en permanence. Lors du jeu de la carte, Didi angoissait tellement à l'idée de ne pas jouer la bonne carte et de se faire engueuler par son partenaire qu'elle mettait un temps fou à jouer n'importe quoi. Absolument pas concernée, "votre mère" en faisait autant... Finalement, cette expérience de bridge n'a pas duré bien longtemps.

Quand vous étiez petits, nous allions en vacances à Berneuil, ce petit village du Limousin où naquit "votre mère". Didi, votre grand-mère, y possédait une petite maison sans aucun confort. Au début, on y faisait la cuisine dans la cheminée qui fumait comme pas possible mais c'était un super retour aux sources. On puisait l'eau du puits, on la buvait normalement... On y allait souvent. Je me rappelle une petite semaine à la Toussaint, il avait fait très froid, on se chauffait au bois dans la cheminée. C'était absolument génial ! On en était revenu avec plein de pommes dans le coffre que l'on a gardées jusqu'au printemps. Mais ce super séjour, "votre mère" n'a jamais voulu le refaire, et finalement, on n'y allait de moins en moins.

A Berneuil, je te revois encore, Rodrigue, prenant ton bain dans cette grande poubelle que je mettais à chauffer au soleil et que j'avais achetée pour l'occasion, ou allant seul à 4 ou 5 ans, chercher le lait chez le paysan du bas du village, accompagné de Moka.

Là-bas, la journée se passait ainsi : après le petit-déjeuner, on allait faire les courses, puis on rentrait préparer le repas. Après le repas, sieste, puis on allait re-faire les courses pour le repas du soir etc. Nos vacances consistaient chaque jour en "courses, bouffe, dodo, re-courses, re-bouffe, re-dodo". Un jour, j'en ai eu marre et ai exigé de faire les courses pour plusieurs repas. Au moins cela laissait-il le temps de faire autre chose de sa journée, mais que de palabres pour faire accepter cette chose aussi simple que compréhensible !

Ce temps gagné, je l'occupais à m'appliquer avec Didi à rendre agréable et vivable cette petite habitation. J'y ai installé un évier récupéré je ne sais où, Didi ramena le frigo, des petites armoires qui nous servirent de placards, la cuisinière et tout doucement le confort était là. Plus tard elle y fit installer douche et WC à l'étage. Maurice BARNET, le plus proche voisin, pourra vous raconter comment j'ai disposé le jardinet devant avec son petit chemin dallé, la barrière, comment j'ai construit la niche pour Moka, derrière, etc. Chaque jour ce brave homme passait en rigolant : « *Alors, Jean-Paul, et ma niche ?* ».

Les après-midi, pendant que vous dormiez, nous faisions quelques fois des parties de crapette, ce jeu de cartes un peu complexe, avec ses règles très strictes. "Votre mère", bien que d'accord sur les règles au départ, n'acceptait jamais leur application, surtout quand cela venait de moi. En fait, comme une gamine, elle est très mauvaise joueuse et elle n'accepte jamais de perdre. Irrémédiablement, cela finissait toujours en conflit, alors nous ne faisions plus de crapette. Nous ne faisions plus rien du tout ensemble d'ailleurs. Par la suite, je faisais avec vous des belles ballades en vélo, Elodie confortablement installée dans le siège-sac-à-dos, Rodrigue attaché sur un siège accroché au guidon : « *Plus vite Papa, plus vite* », criais-tu, comme si, avec vos poids et ce paysage vallonné, je pouvais aller plus vite ! Nous allions aussi souvent au lac de Saint-Pardoux ; j'y ai appris la planche à voile.

Ce coin du Limousin me plaisait tellement que lorsque son oncle Pierre nous informa de la vente d'une petite maison du hameau voisin, nous nous en sommes rendus propriétaires. En plein centre du hameau de Boucherie, à environ 500m à pied, 1.5 km en voiture de Berneuil, cette petite maison, avec son terrain d'environ 1000 m2, était dans un état lamentable et insalubre. Après un nettoyage complet et un chaulage en bonne et due forme, Il fallut très vite faire refaire le toit. Puis, je me suis mis à tenter de la rendre habitable. Là aussi, j'y ai installé un évier, fait l'installation électrique complète (elle n'existait pas). Bien sûr, quand nous l'avons acheté, nous savions que nous devions la remettre en état et je crus, là encore, qu'on ferait ça ensemble... mais comme d'habitude, j'étais tout seul à y travailler. "Votre mère" n'y venait jamais et elle déclara même qu'il n'était pas question d'y habiter un jour, elle s'y refuserait. Ainsi, petit à petit, j'ai été complètement dégoûté et je n'y faisais plus rien, j'ai laissé tomber. Lors du partage du divorce, c'est "votre mère" qui a récupéré cette petite maison et qui s'empressa de la vendre pour une bouchée de pain, sans même penser qu'un jour, vous pourriez, vous, avoir envie d'en faire quelque chose...

Lorsque vous fûtes un peu plus grands, nous allions à Sorède, petite ville de l'arrière pays catalan, à quelques kilomètres d'Argelès/mer. La tante Berthe y possédait un appartement au premier étage d'une maison et avait le droit d'utiliser la piscine voisine. C'est sur la plage d'Argelès que je vous ai fait donner des cours de natation et vous y avez appris ensemble à nager, en moins de dix jours. A Sorède, on pouvait profiter de la mer, de la piscine et d'un environnement agréable. C'était pas mal.

Je ne peux pas parler de Sorède sans te remémorer, Elodie, cette mésaventure qui t'arriva là-bas et dont tu te souviens très certainement, tellement cette histoire t'avait marquée et m'avait écœuré : une histoire de yaourt, prémonitoire sans doute. C'était en juillet 1987, tu avais 7 ans. Ce midi-là, tu demandas si tu pouvais avoir un yaourt pour dessert. La tante Berthe répondit qu'il n'y avait pas de

yaourt (elle savait pourtant qu'il y en avait, mais elle avait prévu de faire un gâteau avec).
- *Si, il y en a, je les ai vus dans le frigidaire avant le repas, répondis-tu.*
- *Non, il n'y en a pas !*
- *Tu es une menteuse, Tata !, as-tu répondu.*

Grave insolence, qui pourtant ne fut pas réprimée ! "Votre mère" s'est alors levée pour faire semblant de vérifier dans le frigo, et voyant les yaourts comme tu l'avais dit, les subtilisa pour les planquer ailleurs sans que tu le vois, occupée que tu étais avec la tante. Elle t'appela ensuite pour te faire constater qu'il n'y avait pas de yaourts au frigo. Voyant que "votre mère" se moquait de toi, tu t'es mise à pleurer. Rodrigue et moi avions tout vu de la subtilisation et, rappelle-toi, je t'ai consolée et soutenue. J'étais écœuré par une telle crasse faite volontairement et délibérément par des adultes dont "votre mère" à un enfant, à mon enfant. Tu étais tellement vexée, Elodie, que pendant le reste de ces vacances à Sorède, tu as refusé de manger les yaourts que "votre mère" te proposa, la mettant ainsi dans une position inconfortable qui m'amusait beaucoup. Quand "votre mère", bêtement, te demandait pourquoi tu n'en voulais pas, c'est moi qui répondais : « *Tu le sais très bien !* » et elle baissait le nez.

Les choses allaient déjà mal à ce moment-là et ce

furent, je crois, les dernières vacances que nous primes ensemble avec "votre mère".

VOIRON

Mon transfert sur BULL Grenoble a mis plus d'un an, mes managers n'étant pas d'accord entre eux. Cela nous laissa le temps de vendre notre maison de Bondy et d'en chercher une sur Grenoble. Ce n'était pas facile non plus car "votre mère" s'était mise toute seule dans l'idée qu'à Grenoble, on allait *"l'obliger à faire du ski ! "*
- Oh, vous allez sur Grenoble ? Vous en avez de la chance vous allez pouvoir faire du ski tout le temps ! lui disait-on sans arrêt...

Bien évidemment, il était impossible de la raisonner. Cette obsession qui la prenait en permanence, l'empêchait de prévoir quoi que ce soit ou même de préparer notre déménagement et la perspective de l'éloignement de ses parents l'angoissait autant qu'elle me réjouissait : elle tenta de refuser d'y aller, mais là, je ne me suis pas laissé faire. Je l'ai prévenue : c'est mon travail qui faisait bouillir la marmite, si mon travail se déplaçait, la famille se déplaçait et les enfants venaient avec moi. Si elle, elle voulait rester là, c'était son problème ! *« Mais je ne veux pas qu'on m'oblige à faire du ski ! »*, se bornait-elle à répéter.

En juillet 82, nous sommes tous quatre ainsi que Moka descendus sur Grenoble pour faire le tour des agences et chercher une maison qui nous convienne pour la fin de l'année. A cette occasion, mon nouveau manager invita tous mes nouveaux collègues et leurs conjoints pour une soirée barbecue en notre honneur. Ce soir-là, elle me fit honte devant tous mes collègues médusés mais hilares en exprimant ses angoisses sur l'obligation du ski à son encontre. Il a fallu que Christine TARZIEFF passe toute sa soirée à lui expliquer, en rigolant, qu'elle habitait Grenoble depuis sa naissance, qu'elle ne faisait pour autant pas de ski et que personne ne l'obligeait à en faire, pour qu'enfin, elle se rende compte et comprenne. C'est ainsi que, finalement, elle se fit à l'idée de venir à Grenoble.

Les agences furent bien décevantes et nous achetâmes directement à un particulier, un collègue de BULL qui quittait la région. Nous avons même repris la suite du crédit qu'ils avaient, ce qui était intéressant au début. C'était une petite maison sympa, relativement neuve (2 ans seulement) avec un petit terrain clos de 700 m2 à Voiron, à environ 20 km au nord de Grenoble. Cinq pièces permettaient d'avoir une chambre pour les parents (la plus petite), et une chambre pour chacun de vous deux.

Notre déménagement eut lieu le 27 décembre 82, par grand froid et nous trouvions, le soir en arrivant une maison gelée. Comparée à Bondy, cette maison n'avait qu'un seul placard et nous n'avions pas d'armoire. Il a donc fallu que j'aménage les deux cagibis qui étaient complètement vides. J'ai passé près d'une semaine dans le grand cagibi pour y installer un maximum d'étagères et de penderies, pour profiter du grand volume sans perdre de place. Une fois terminé, j'ai demandé à "votre mère" d'aller voir le résultat de mon travail... et de me dire si ça lui convenait. Trois jours durant, je lui ai demandé cela avant qu'elle ne daigne se déplacer et jeter un œil dédaigneux dans ce cagibi qui m'avait pris tant de temps ! Trois jours qui m'ont définitivement écœuré de faire quoi que ce soit d'autre dans cette maison pour elle. Alors, je me suis attaqué au tacot pour le terminer et te faire une jolie chambre, Rodrigue qui correspondait bien à ton âge et que tu aimais beaucoup.

"Votre mère" ne travaillait pas encore et s'était mise en tête de trouver un boulot. Je l'encourageais en ce sens, car je pensais que ça l'aiderait à trouver un nouvel équilibre et lui éviterait de gamberger seule à la maison quand vous étiez à l'école. Elle avait flashé sur une voiture, la Fiat Panda que l'on acheta, malgré les vitesses non automatiques. Les augmentations du prix de l'essence à l'époque la rendaient dingue. Elle passait son temps à faire le tour de tous les points de distribution pour voir lequel était le moins cher, n'hésitant pas à faire des dizaines de kilomètres pour un gain d'un centime au litre ! C'était d'un ridicule ! Après quelques mois de recherches elle réussit enfin à dégoter un boulot de secrétariat chez Meylcone, à Meylan. Il était temps, la vie de femme au foyer lui convenait si peu qu'elle en devenait folle et que c'en était devenu infernal !

J'allais ainsi survivre pendant trois ans, au rythme de ses caprices, de ses problèmes en tous genres et de ses engueulades. Je décidais alors de m'impliquer dans la vie associative de Voiron. Tout d'abord, je fus contacté par l'Amiv, l'Association de Micro-Informatique de Voiron, pour donner des cours de Basic, ce que j'acceptai. Cela me faisait une soirée par semaine de cours et c'était bien sympa. Puis, je m'impliquai entièrement dans le Sou des Ecoles de votre école, association qui consistait à organiser des activités pour récupérer des fonds afin de payer les différentes fournitures scolaires de l'école, mais aussi les sorties de ski, de danse et les cadeaux de Noël pour les petits. Cela prenait pas mal de temps : il y avait le Loto, le Carnaval et enfin la Kermesse de fin d'année. Je suis resté Secrétaire du Sou jusqu'à votre départ pour le collège. Enfin, puisqu'Elodie faisait partie de l'équipe de compétition en natation, j'entrai, en juin 1986 au bureau du CNV, Cercle des Nageurs de Voiron, dont je devins le président deux ans plus tard. Ces activités me permettaient de sortir de cette ambiance détestable que "votre mère" faisait régner à la maison, de voir des gens sains et sympas et de participer à la vie de la commune. D'autre part, ces responsabilités étaient très proches de vos préoccupations et de votre vie de tous les jours et c'était aussi pour cela que je les avais prises.

Rentrant le soir, sans illusion, je n'étais jamais accueilli par "votre mère". Elle faisait comme si de rien n'était. Puis, elle changea d'attitude et à peine avais-je passé la porte qu'elle me sautait sur le poil pour gueuler. C'était bientôt devenu une habitude quotidienne, à tel point que je n'avais même plus envie de rentrer et rentrais de plus en plus tard. Moka me faisait la fête, bien sûr et vous veniez tous les deux me sauter au cou, c'était à celui ou celle de vous deux qui serait le premier ! Alors, je m'occupais de vous, vous aidais à faire vos devoirs et jouais avec vous. Très souvent aussi, Elodie, tu me demandais de te faire des massages de ventre, car tu avais souvent mal et je trouvais ce petit ventre assez dur. Mes massages te faisaient du bien et te soulageaient toujours rapidement.

Elodie, en plus de la natation, nous t'avions inscrite à la danse. Mais cela n'allait pas durer. En effet, le mercredi, jour de danse, "votre mère" ne travaillait pas. Elle t'emmenait au bourg de Voiron pour ton cours et revenait t'y chercher. Cela lui sembla des trajets si insurmontables, qu'elle te poussa à arrêter la danse pour ne plus avoir à faire ces trajets. C'est ainsi que tu ne fis plus de danse.

"Votre mère" était tellement bien dans sa peau qu'elle découpait des bons de commande dans Télé 7 jours et commandait des produits tels que le "Bracelet magnétique", celui qui protège des influences maléfiques, tels que le "Parfum qui attire", irrésistible pour attirer les hommes, tels que "l'Etoile du Nord" ou la "Croix du bonheur", de Danièle GILBERT, croix censée apporter le bonheur à celle qui la porte. Cette même Danièle GILBERT, présentatrice de télé populaire qui fut condamnée plus tard pour escroquerie pour la vente de ce gri-gri.

"Votre mère" lisait beaucoup, elle lisait en permanence et avait toujours un bouquin dans son sac. Mais le bouquin en question était toujours le même depuis près de dix ans et elle le lisait en permanence telle une bible : il s'agit de "Comment exploiter la puissance de votre subconscient", collection TCHOU/ARISTON, par le Dr A. MURPHY psychopathe bien connu. Souvent, elle se reportait à ce livre n'importe quand dans la journée quand elle voulait savoir quel comportement elle devait adopter.

Rien à voir avec la "loi de l'emmerdement maximum" dite aussi *"Murphy's law"*, loi dont elle savait d'ailleurs déclencher, pour les autres, l'application en permanence...

C'est pour Noël que je me suis acheté mon premier ordinateur, le HP86A, avec lequel je passais le plus clair de mon temps. J'y ai développé quantité de logiciels et surtout de jeux pour vous. En effet, n'ayant plus aucune communication avec "votre mère", c'était devenu mon passe-temps favori et ne faisais plus que cela. Ce fut ce qui lui inspira les histoires qu'elle fit auprès du directeur de l'EDF.

Moins de six mois après son achat, elle décida seule de changer la Panda pour une Seat Fura neuve, me mettant ainsi devant le fait accompli, sans même se demander si on pouvait financer cet achat. Pour satisfaire ce caprice, je dus vendre la totalité de mes emprunts dits "Giscard", Obligations du Trésor à 12.75% de 1983 et c'est donc moi qui ai payé sa voiture. Malheureusement, cette belle petite machine partit à la casse juste trois jours après : je la conduisis pour l'essayer avec vous deux à bord lorsque nous fûmes percutés violemment à l'arrière par un chauffard et projetés contre un mur. Avec beaucoup de chance, vous vous en êtes sortis à peu près indemnes. Rodrigue, éjecté sur la route, tu as eu quelques points sur le crâne, Elodie, tu n'avais rien. J'étais le plus gravement touché aux cervicales et à la main droite.

Elle racheta la même Seat Fura, laquelle subit un sort identique moins de 6 mois après, quand "votre mère" percuta la voiture qui la précédait et provoqua une collision en chaîne. Prise en sandwich, et pliée, la voiture était foutue. Elle m'appela alors au bureau pour que je vienne immédiatement car elle était affolée et hors d'elle. Arrivé sur place, je trouvai Martin, son copain et collègue qu'elle avait appelé aussi et qui s'était déjà occupé de tout. Je n'appréciais pas du tout ce double appel en roue de secours. Je me suis alors demandé ce que je venais faire ici et pourquoi elle m'avait dérangé au travail, mais ça, je commençais à en avoir l'habitude. Le soir, nous eûmes une violente dispute au cours de laquelle, elle m'accusa d'être le responsable de cet accident (sic) ! Bien sûr, ce n'était pas de sa faute, elle ne pouvait pas en être responsable, c'était forcément les autres ! C'était édifiant ! Elle voulait de plus que, dorénavant, je fasse le taxi pour elle...

Avec sa troisième voiture, elle recommença sa tournée des médecins. Un soir en rentrant, mon regard fut attiré par un gros paquet de feuilles dans la poubelle. Intrigué, j'y regardai de plus près et je constatai qu'il s'agissait d'ordonnances de médecins. Le paquet devait bien faire trois centimètres d'épaisseur. Certaines étaient datées du même jour, de plusieurs médecins différents. Je notai jusqu'à cinq ordonnances du même jour. J'étais vraiment horrifié ! Ecœuré, j'ai remis ce paquet dans la poubelle. Mais quelle bêtise ! Rien qu'avec cela, je pouvais gagner tous les procès que "votre mère" me fit par la suite. Mais ce n'était pas encore à l'ordre du jour à ce moment-là et la pensée de pouvoir utiliser cela contre "votre mère" ne m'a même pas effleuré.

Cela n'allait pourtant pas tarder : "votre mère" criait en permanence ce qui frisait l'hystérie : un jour que sa collègue appelait à la maison et que je décrochai, je lui trouvai une si jolie voix au téléphone que je lui en fis le compliment. Quelle histoire le lendemain ! « *Mais t'es malade ! t'es taré ma parole !* », hurlait-elle ! Elle montra ici, une fois de plus, sa jalousie. Je ne pouvais même pas regarder une autre femme, ni faire un gentil compliment ! Elle me fit la même scène effroyable lorsque je me permis de faire le concours "LUI", magazine masculin et quelque peu déshabillé : il s'agissait de donner son avis sur différentes formes de seins, de fesses, sur des couleurs et longueurs de cheveux, les tailles, les rondeurs etc. afin de déterminer le type de la femme idéale du français moyen. C'était amusant et anodin, mais c'était sans compter sur sa bêtise et sa jalousie... Malheureusement, je n'ai rien gagné à ce concours, mais c'est dommage, j'aurai bien voulu...

Pour les concours que j'aimais faire, lorsque je lui

demandais de me ramener des produits avec un concours annoncé, elle ne le faisait jamais. Au contraire, lorsqu'un produit véhiculait un concours et qu'elle devait l'acheter, elle prenait systématiquement une boîte qui ne portait pas mention de ce concours ou elle prenait un produit concurrent. Alors, j'avais pris l'habitude de courir moi-même un peu partout pour récupérer les bulletins nécessaires. Mais bien sûr, lorsque je gagnais avec un bulletin que j'avais écrit à son nom, elle s'accaparait le lot en affirmant bien fort : « *J'ai gagné, j'ai gagné !* »...

Obsédée du ménage, je ne pouvais même plus faire de feu dans la cheminée puisque ça faisait trop de poussières, et je lui donnais une occasion supplémentaire de gueuler. De même, si je nettoyais la baignoire après chacune de mes douches, elle repassait systématiquement derrière... "Votre mère" faisait de plus en plus d'histoires et cherchait en permanence à me pousser à bout, pour provoquer un esclandre et vous faire constater que c'était moi qui criais : par exemple, pour boire frais, je maintenais dans le frigidaire une bouteille d'eau qu'elle jetait systématiquement. J'avais beau lui dire de la laisser, insister, rouspéter, coller une étiquette marquée "Papa", elle la jetait tout de même. Elle passait son temps à se demander ce qu'elle pouvait bien inventer pour m'embêter. Un jour j'avais fait plein de compote de rhubarbe, environ 4 kg, et comme j'adore ça, je les avais mis au congélateur. C'est toujours moi qui faisais les confitures à la maison et qui les mangeais, d'ailleurs. Suite à la catastrophe de Chernobyl, passe alors le fameux nuage radioactif sur notre région. "Votre mère" me demande s'il n'y a pas un risque avec cette rhubarbe. Je lui dis que non, que de toute façon c'était ma compote, que j'étais le seul à en manger et qu'elle n'avait pas à y toucher. Malgré cela, sans me le dire, elle mit ces 4 kg de compote à la poubelle !

Dans le même style, je la surpris un jour en train de siffler mes petites bouteilles d'alcool. En effet j'avais entrepris de collecter les bouteilles miniatures que je rapportais de chacun de mes voyages, ce qui était sympa et décoratif. Soudain je m'aperçus qu'elle en avait déjà vidé et jeté plus de la moitié ! Tout était bon pour me porter atteinte !

Une autre fois, et vous devez bien vous en rappeler, comme je n'étais pas encore rentré de mon travail, elle mit le couvert pour trois seulement et vous fit manger à 19h30, heure inhabituelle. Quand je vis cela, mon sang n'a fait qu'un tour ! En colère, et pour bien montrer ma désapprobation devant un tel comportement d'irresponsable, je pris la casserole de soupe et y bus directement puisque je n'avais pas d'assiette. De même, sans verre, je bus directement au pichet d'eau et debout, mangeai dans le plat avec mes doigts. Elodie, tu t'es alors précipitée pour me mettre un couvert, ce que "votre mère" t'a interdit de faire. Dans le même style, une autre fois, hurlant comme une folle, hystérique, elle débarrassa toute la table et mit le tout dans la poubelle ! Là encore, c'est toi Elodie, qui es allée ramasser tout ça à la poubelle, tu dois encore t'en souvenir ! Tu fis d'ailleurs promettre à "votre mère" qu'elle me ferait toujours à manger et qu'elle ne recommencerait plus. J'avais honte pour elle.

Une autre fois, comme j'avais passé un magnifique dimanche à réparer la machine à laver plutôt que d'aller faire du ski, cela lui donna des idées et elle décida de ne plus me laver mon linge. Elle triait scrupuleusement tout ce qui m'appartenait et le remettait dans la corbeille pour ne pas avoir à le laver... Plus tard, c'est moi qu'elle accusera de cela !

"Votre mère" se plaignait en permanence de moi à droite et à gauche. Un jour que Didi était à la maison pour quelques jours, elle se plaignit que je ne sortais jamais les poubelles (ce qui bien sûr était faux) et qu'elle était obligée de le faire elle-même. Le lendemain, je suis rentré un peu plus tôt et, constatant que les poubelles étaient déjà sorties, je demandai à Didi : « *Pouvez-vous m'expliquer comment je peux faire pour sortir des poubelles qui sont déjà dehors quand j'arrive ?* ». Elle cherchait alors toute sorte d'histoires qu'elle mettait immédiatement en pratique afin de montrer aux autres que ce qu'elle disait était vrai ! Et moi comme un imbécile, je ne disais rien...

Et puis, elle courrait encore les médecins, mais cette fois, pour la guérir de démangeaisons au niveau du pubis qui ne guérissaient pas. C'était des "morpions" qu'elle avait dégotés je ne sais où et qu'elle réussit même à me refiler. C'est moi qui suis allé acheter ce qu'il fallait pour nous en débarrasser. Ces morpions n'étaient en fait que les ambassadeurs de l'infidélité notoire de "votre mère".

Un autre jour, vous étiez tous les trois chez July pour un drink et je ne le savais pas. Voyant le temps passer, July décida d'inviter toute la famille pour dîner et demanda à "votre mère" de m'appeler. Je reçus effectivement un coup de fil, mais pour m'entendre dire que vous rentreriez tard et que je trouverais bien quelques nouilles au frigo ! Après ce coup de fil, elle déclara à July que je ne voulais pas venir ! July, plus fine qu'elle ne le pensait et comprenant tout de même le français ne fut pas dupe et m'en parla le lendemain. Quel bel exemple d'honnêteté, n'est-ce pas !

Noël et le Nouvel An étaient d'une tristesse à mourir. A Noël, "votre mère" commençait d'abord par se faire des cadeaux à elle-même. Puis, nous passions le jour de l'an et le réveillon à la maison, devant la télé, comme n'importe quel autre jour. Je me rappelle d'un Nouvel An que nous avions passé seuls à la maison, vous deviez être à Berny, nos voisins, les CLOVES, faisaient la fête. Vers minuit ceux-ci tirèrent un petit feu d'artifice. C'était sympa et rigolo, mais c'était sans compter avec la hargne de "votre mère", qui se mit à gueuler : *« Quelle bande de tarés, il ne se rendent même pas compte qu'ils ont pris un an de plus ! »*. Elle qui avait gâché sa vie, se voyait déjà vieillir et voulait gâcher la joie des autres.

La télé tomba en panne. Celle-ci prenait une part de plus en plus grande de votre temps libre et ça ne me plaisait guère. Aussi, je décidai de ne pas la faire réparer. Nous sommes ainsi restés trois mois sans télé. Trois mois pendant lesquels nous nous sommes adonnés tous trois, tous les jours après les devoirs, à des jeux divers dont des parties passionnées de 1000 Bornes. C'était génial mais cela agaçait prodigieusement "votre mère" ! A l'époque c'était toujours moi qui m'occupais de vous pour vos loisirs et c'est moi seul qui vous donnais un peu d'argent de poche, rappelez-vous le petit carnet...

Un de ses caprices fut aussi de s'acheter un vélo. Par correspondance, elle reçut un vélo en kit à monter. Elle ne l'utilisa qu'une seule fois, mais quand nous nous séparâmes, la première chose qu'elle fit fut de le confier à July afin que je "n'en profite pas" ; à son départ, July me rendit ce vélo qui continue de rouiller quelque part au fond du jardin, car elle ne s'en est jamais préoccupée. Puis elle s'acheta un vélo d'appartement qu'elle n'utilisa pas plus que le premier jour...

Les week-ends d'hiver, je vous emmenais faire du ski ; vous en faisiez déjà avec BULL le mercredi. Chaque fois que nous décidions ensemble de partir faire du ski, non seulement "votre mère" ne voulait pas venir avec nous (de peur que nous "l'y obligions"), mais tentait par tous les moyens de vous empêcher de partir : « *Non, ne partez pas, je vais rester toute seule, ne me laissez pas seule !* ». D'un égoïsme rare, cette attitude n'avait rien de celle d'une mère et je trouvais cela absolument écœurant de se servir de vous ainsi en vous empêchant de vous développer et de vous amuser. Elodie, tu te faisais souvent avoir et tu décidais de rester avec "votre mère". Alors, nous allions skier tous les deux, Rodrigue et moi. Une autre fois, hystérique, elle voulut nous empêcher de partir. Elle criait comme une folle dans la rue que je volais ses enfants : « *Au voleur, au voleur !* », criait-elle, tentait de prendre les voisins à témoin, me menaçait d'appeler les gendarmes pour "*vols d'enfants*". Cette fois-là, elle bloqua la sortie de ma voiture avec la sienne. Comme elle ne voulait pas la dégager, j'ai décidé de reculer et je l'ai poussée avec mon pare-chocs, jusqu'à ce qu'elle dégage. L'épreuve de force commençait.

Cela ne faisait pas deux ans que nous étions sur Voiron qu'un jour, en rentrant, je trouvais sur le lit, dans notre chambre, une grande enveloppe très épaisse au nom de "votre mère" ; un grand nombre de petites enveloppes en sortaient, avec un numéro dessus : "11273". Je ne fus pas long à comprendre : elle avait passé une petite annonce dans un gratuit local. Je recherchai puis retrouvai l'annonce en question : *"JF 34 ans, mariée sans entente, rencontrerait JH..."*. Elle avait d'ailleurs placé plusieurs annonces dans le 38 et dans Hebdo, aujourd'hui disparus. Ma réaction me surprit : au lieu d'en être outré, je fus soulagé. Elle passerait ses nerfs sur un autre et ainsi me laisserait peut-être la paix. Il est vrai que n'ayant aucun ami et ne sortant jamais, elle avait peut-être trouvé cette solution efficace. C'est ainsi qu'elle connut ce Jean-Claude DAMOUR, au nom prédestiné, dentiste de son état à Saint-Etienne-de-Saint-Geoirs, avec lequel elle s'affichait ouvertement et chez qui elle vous emmenait tous les week-ends. Vous ne l'aimiez guère, mais cela, c'est le chapitre suivant.

NOTRE MODUS VIVENDI

Avec ce Jean-Claude la vie changea à la maison. "Votre mère" était soudain devenue plus calme. Elle m'annonça même, pour se justifier : « *Si tu veux une bonne femme, tu peux aller en chercher une ailleurs, mais faut plus compter sur moi !* ». Ainsi, se donnait-elle bonne conscience, en m'accordant "l'autorisation" de sortir et d'avoir des maîtresses ! Elle sortait souvent, puis ce fut presque tous les soirs, me laissant m'occuper de vous le soir, vous faire et vous servir le repas puis vous coucher. Si par hasard elle n'était pas rentrée le lendemain matin avant l'école, j'avais ordre de vous dire qu'elle était partie tôt chez le médecin, ce qui arriva une fois ou deux par temps de brouillard.

Cela me laissait de longues heures de tranquillité que je passais sur mon ordinateur ou sur le minitel, bloquant ainsi la ligne, mais n'attendant aucun coup de fil, quelle importance ? Il lui arriva pourtant de vouloir me contacter et de demander à notre voisin (déjà !), Monsieur PRAIRIE, de sonner à ma porte pour me dire de raccrocher le minitel pour qu'elle puisse m'appeler (sic) ! Décidément, le sans-gêne n'a vraiment pas de limites !

Avec ce Jean-Claude, ce fut plus que des soirées, ce furent des nuits entières et des week-ends complets. Bien sûr, pour ces week-ends, elle vous emmenait, sans me demander mon avis, voire mon autorisation et sans même me dire où c'était de peur que je trouble sa quiétude. Quant à votre avis, il n'était même pas question de vous le demander ! Quand vous m'en parliez (et pourtant je ne vous ai jamais posé de questions), vous me disiez que ce Jean-Claude n'était pas très sympa avec vous et que vous me l'aimiez pas beaucoup. C'était un homme assez curieux et pas bien intéressant. Un jour, "votre mère" revint avec le 38, le gratuit de petites annonces, qu'elle avait pris chez lui. Je me souviens, nous étions à table et pour me marrer, je lus à haute voix un certain nombre de petites annonces de rencontres. Comme par hasard, ces annonces étaient toutes déjà cerclées et ne correspondaient qu'à des demandes de femmes qui cherchaient l'homme idéal. Je m'amusai alors à lui faire remarquer que ce Jean-Claude avait coché ces annonces pour y répondre et qu'elle avait embarqué le journal sans le lui demander.

Un soir, rentrant un peu plus tôt que prévu d'un

voyage, je trouvais ce Jean-Claude nu dans mon lit. Il a donc fallu que j'attende en rigolant que l'amant de madame se sauvât par la fenêtre, ses habits sous le bras... Par contre, bien plus tard, il lui arriva une fois de rentrer plus tôt et de trouver une femme chez moi. Là, par contre elle téléphona immédiatement à son père en pleurant, hurlant que je la trompais, que j'étais un odieux personnage, etc., "oubliant" sciemment de parler de ce Jean-Claude...

Cette situation du mari complaisant ne me gênait pas trop car j'y trouvais mon compte. D'abord, il n'y avait plus rien entre "votre mère" et moi, sinon un mépris tranquille. Ensuite, un calme relatif était revenu à la maison. Et puis, je me mis à sortir également. Nous nous étions mis d'accord sur un "modus vivendi" qui édictait que le premier de nous deux qui annonçait qu'il sortait le soir ou était pris le week-end avait la priorité. C'était simple et ça marchait bien. Cela marcha jusqu'en août 1986 : "votre mère" avait réservé un appartement à Saint-Raphaël (Var) pour y couler deux semaines idylliques de vacances avec son DAMOUR ainsi que vous deux. La veille du départ, celui-ci avait rompu et il n'était plus question de partir avec elle en vacances. Du coup, elle ne voulait plus partir. Je la revois encore, en pleine dépression, en larmes, complètement effondrée dans les bras de July, qui ne sachant comment se débarrasser de ce colis encombrant m'appela en pleine nuit pour me demander de venir la chercher. Il fallut que je palabre toute la nuit pour qu'elle se décide à partir tout de même. Vos valises étaient prêtes et vous étiez heureux de partir à la mer, je trouvais assez dégoûtant de vous priver ainsi de vacances, mais pour elle, sans ce Jean-Claude, ce n'était plus des vacances et il fallait tout annuler !

Alors, pour vous, je décidai de vous emmener et de vous accompagner pour passer quelques jours avec vous, car je vous voyais très mal passer de bonnes vacances avec "votre mère" dans un tel état. Mais malheureusement, mon travail ne me permettait pas de rester plus longtemps et je vous laissai seuls avec elle pour la deuxième semaine.

Plus tard, elle me reprochera même de ne pas lui avoir dit plus tôt que ce Jean-Claude était un salaud ! En écrivant toutes ces lignes, je pense à *"La Grinchieuse"*, le dernier roman de Philippe BOUVARD. Je ne savais pas qu'il connaissait "votre mère" !

C'est à votre retour, que j'eus la surprise de ma vie : d'abord, c'est le copain Martin qui vous ramena. Je trouvais cela curieux. Mais ensuite, Rodrigue et Elodie, tous les deux ensemble, vous m'avez demandé quelque chose d'ahurissant : « *Papa, voilà, comme là-bas, Martin, on l'appelait "Papa Martin", est-ce qu'on peut maintenant t'appeler "Papa Jean-Paul" ?* ». J'étais sidéré, furieux ! Comment cette soit-disant "mère" a-t-elle pu accepter que vous appeliez cet homme Papa ? Nous étions encore mariés, elle vous traînait chez ses amants, en changeait quand ça l'arrangeait et vous laissait les appeler "Papa" ! Comment avez-vous pu jouer ce jeu et tomber si bas ? En fait, pendant que j'étais sur place, elle avait magouillé dans mon dos avec ce Martin (ce n'était pas la première fois) pour le faire venir dès que j'aurai quitté les lieux. D'après ce que vous m'avez raconté, il était arrivé en début d'après-midi, alors que j'étais parti le matin. J'étais de plus en plus écœuré par le comportement de "votre mère" pour laquelle le seul sentiment qui me restait était celui de honte d'être marié avec elle.

Martin avait des problèmes personnels. "Votre mère", de dix ans plus âgée, le détournait petit à petit de Nanou, sa copine, une fille super sympa, dont vous vous rappellerez sûrement. Comme il se retrouva le mois suivant à la porte, "votre mère" me demanda si on pouvait héberger ce Martin quelques temps, le temps qu'il se retourne. Comme je me fichais de ses histoires et de ce qu'elle pouvait bien faire, j'acceptai. Martin vécut alors deux mois à la maison, couchait sur le canapé-lit du salon et moi tout seul dans mon lit. L'attitude de "votre mère" changeait aussi, petite jupette raz-duc, longues conversations le soir sur le canapé... Quand parfois je retournais dans le salon, je les voyais tendrement enlacés, ils ne cachaient rien de leurs relations, mais je m'en moquais.

C'est pendant ce temps là, que tu fus hospitalisé, Rodrigue, pour ton phimosis, opération bénigne sur la verge. Nous allions souvent te voir à l'hôpital et votre mère" y était restée un après-midi complet (elle travaillait à mi-temps). Comme tu dormais, elle avait fait un petit mot pour son petit Martin et comme une imbécile, l'avait laissé sur ta table de nuit, à ma disposition... On pouvait y lire : « *Mon petit amour,...* » ". Un peu plus tard, je surprenais une conversation téléphonique avec une de ses amies où elle affirmait avoir trouvé le grand amour... Il est vrai que Martin était très grand (plus de 1.80 m !). Elle parlait aussi d'un troisième enfant ! Elle se confia à Lise CHANTERELLEAU également de son intention de se mettre avec lui, ce qui la scandalisa.

Martin parti de la maison, la vie redevint de plus en plus infernale. D'abord je constatai la disparition de la moitié de nos couverts, dont une grande partie de ma ménagère. "Votre mère" les avait donnés à ce Martin pour constituer son trousseau. Il y avait certainement d'autres choses qui m'appartenaient dont elle lui avait fait cadeau. Puis tout doucement elle amena le sujet du divorce sur le tapis. En fait, dans sa tête elle commençait à faire des projets avec ce Martin. Dans un premier temps, je n'étais pas d'accord : je ne voulais pas divorcer. Je pensais, et pense toujours, que des enfants avaient besoin de leurs deux parents et je craignais une séparation douloureuse pour vous dans un sens ou dans un autre. D'autre part, un accord à l'amiable pouvait satisfaire tout le monde à condition que chacun y mit du sien, ce qui n'était pas du tout la volonté de "votre mère". C'était tous les jours que nous avions droit à sa scène de cris en tous genres : « *t'es taré, t'es malade, t'es un salaud* », entendais-je quotidiennement ; « *de toutes façons, c'est moi qui aurais la garde et si je ne l'ai pas, je me tue et je tue les enfants après* » (sic) !, m'a-t-elle dit un jour ! Défense de rire !

Soudain je me rappelai qu'elle avait récemment fait une demande de permis d'armes ! Une arme entre les mains d'une telle déséquilibrée peut s'avérer très dangereux ! Je retrouvai la demande et constatant qu'elle était périmée de peu, en fus soulagé.

"Votre mère" commença alors à me menacer sérieusement de divorce. En novembre 1986, je reçus une lettre de son avocat, Maître BUNKER, me faisant part des intentions de "votre mère" et me demandant de me rencontrer. Cette réunion ne donna rien et elle déposa la première requête en divorce pour faute (sic).

Je répliquai alors, dans une longue lettre à vos grands-parents, par un projet de séparation des parents, qui le croyais-je sauvegarderait l'intérêt de mes enfants : mon projet consistait à aménager le faux-grenier que nous avions, en appartement pour moi ; ce projet avait pour avantage de laisser chacun de nous vivre sa vie de son côté mais surtout de vous laisser l'accès libre à cet appartement ainsi que du reste de la maison pour vous permettre de voir à votre guise tantôt l'un, tantôt l'autre de vos parents tout en conservant votre chambre et votre maison. Par contre, ce projet demandait un investissement financier important qui ne pouvait être envisagé que si on avait l'assurance qu'il fonctionne correctement et suffisamment longtemps : il fallait donc que les deux parties soient d'accord.

Dady s'opposa violemment à ce projet et poussa sa fille dans la voie du divorce. C'est d'ailleurs lui qui, par la suite et après moi, paiera les honoraires de son avocat. Je proposais alors un divorce à l'amiable, avec une *"garde alternée"* d'une semaine sur deux. Cette garde serait assortie d'une obligation pour les deux parents de rester sur Voiron pour que vous soyez le moins perturbés possible. J'eus beau défendre mon projet, "votre mère" s'y opposa fermement : « *Je suis la mère, donc j'aurais les enfants, c'est tout. Tu te contenteras de ce que te donnera le juge !* », affirmait-elle.

Il est vrai qu'une garde alternée demande une certaine entente entre les parents et que l'ambiance à la maison était devenue intenable. Ma sœur Sylvie, qui était venue à Pâques, enceinte de Karim, pourra témoigner de l'accueil qu'elle reçut de "votre mère". La semaine suivante, vous partiez pour Berny, sans moi bien entendu et "votre mère" en revint remontée à bloc contre moi. Elle avait fait les comptes, elle voulait tout simplement 350.000 francs, soit la moitié de ce qu'elle estimait de la maison, sans même tenir compte de la récompense ou du prêt qui courrait encore. Apparemment, ce n'était que le fric qui l'intéressait !

Dès le début de l'année 87, elle décida de faire chambre à part. Après avoir tenté de me déloger de mon lit, elle décida d'aller s'installer dans ta chambre, Elodie, dans sa banquette, s'octroyant ainsi une grande partie de ton espace vital et de ton intimité. « *J'ai plus de chambre* », pleurais-tu !

C'est à mon travail que je reçus une notification d'huissier m'ordonnant de me présenter le 14 mai 1987 devant le JAM (Juge des Affaires Matrimoniales) pour la conciliation. J'avais environ deux mois pour préparer ma défense.

LA CONCILIATION

La conciliation est une réunion officielle où participent les deux époux et leurs avocats devant le JAM, celui-ci devant tenter de les réconcilier. S'il constate que cela n'est pas possible, il délivre l'ONC, l'Ordonnance de Non-Conciliation qui est le premier pas obligé vers un divorce, et qui fixe les modalités provisoires de séparation en attendant le divorce définitif.

Cette convocation en main, je pris l'un des meilleurs avocats de la région, Maître Jean BAILLERAS, Bâtonnier de l'Ordre des avocats et ensemble nous avons mis au point notre stratégie de défense : "votre mère" demandait le divorce pour faute (sic) ; je demanderai la garde de mes deux enfants en démontrant que j'en suis plus capable qu'elle et qu'il n'y a pas faute de ma part, mais de la sienne.

Du fait de sa "déclaration de guerre" par huissier interposé, "votre mère" fit régner un climat insupportable à la maison. C'était infernal. Tout était bon pour l'entendre gueuler, mais maintenant je n'avais plus l'intention de me laisser faire. Tout d'abord, elle chercha à me faire passer pour un être violent en téléphonant à droite et à gauche, suppliant mon frère Marcel de venir à son secours et de "me" calmer. Quand Marcel vint nous voir, il put constater une situation toute autre.

Dans le même temps, "votre mère" voulut s'assurer ses arrières financiers. Il faut dire que nous avions deux comptes en banque, tous deux comptes communs : le premier, sur Crédit Lyonnais, un compte commun avec double carte bleue sur lequel était virée ma paye et que "votre mère" utilisait largement pour les besoins de la maison, bien sûr, mais aussi pour ses besoins personnels ; bon nombre de prélèvements automatiques s'y effectuaient tels l'EDF, les impôts, le remboursement du prêt de la maison, le téléphone, etc. ; le second, sur Crédit Agricole sur lequel était viré le salaire de "votre mère" qu'elle considérait comme "son argent de poche" (sic). Elle commença, sans me le dire, à faire virer son salaire sur un compte personnel. Ensuite, toujours sans rien me dire, elle clôt les deux Comptes Epargne Logement à votre nom que nous avions ouvert à chacun de vous deux au Crédit Lyonnais et fit virer sur son compte personnel le montant correspondant, empochant ainsi un total de 3400 francs qui vous appartenait et perdant de cet fait les droits acquis.

Puis, avec la carte bleue du Crédit Lyonnais qu'elle avait, elle se mit à ponctionner largement de l'argent liquide sur ce compte commun. Enfin, elle se mit en tête de vider ce compte, de me faire tomber pour "chèques sans provision" et donc interdire de chéquiers en établissant elle-même tout un tas de chèques sur ce compte commun. Je reçus un coup de fil de ma banque me disant qu'elle n'était plus en mesure de d'honorer les chèques à venir : il y avait déjà un trou de 10000 francs sur le compte ! Sa bêtise était telle qu'elle ne se rendait même pas compte qu'elle serait elle aussi interdite de chéquier puisqu'il s'agissait d'un compte commun, mais qu'en plus je pouvais la poursuivre en justice pour cela.

Je voulus aussitôt réagir en bloquant le compte, mais c'était un compte commun et c'était impossible sans son accord. Bien entendu, elle refusa. Elle refusa également la lettre recommandée du Crédit Lyonnais lui demandant de restituer les formules de chèque en sa possession. J'ouvris alors un autre compte, y fis virer mon salaire et tentai de reprendre dans son sac à main les formules de chèques en sa possession ainsi que la carte bleue correspondante afin de l'empêcher de continuer à me nuire. C'est ainsi qu'un soir, je réussis à prendre de force son sac à main et repris tout cela mais rien que cela. Elle me traita alors de "voleur", vous prenant à témoin et vous hurlant que je lui volais toutes ses affaires. Eh bien, non, je ne prenais que les chèques et la carte bleue de mon compte. Déjà, à ce moment, elle se servait de vous en essayant de travestir la vérité et en cherchant à me faire passer à vos yeux pour le "salaud". Ce soir-là, complètement hystérique, elle téléphona à son père, lui criant que je lui prenais tout, que je lui avais volé tout son argent. Calmement, je pris le combiné et tentai de lui expliquer ce qui se passait, mais il ne voulut rien entendre. Il me déclara : « *C'est plus possible ça, je prends le premier train et je viens chercher les gosses !* ». Je lui répondis que s'il devait venir chercher quelqu'un, c'était sa fille et la calmer, cela permettrait à mes pauvres enfants qui subissaient ses lubies de plein fouet de retrouver un peu de tranquillité, mais qu'il n'était pas question qu'il vienne vous chercher. Bien évidemment, on ne vit personne arriver.

N'ayant plus que son compte bancaire, je lui laissai la carte PASS pour qu'elle puisse faire les courses à Carrefour, car cette carte continuait de débiter les factures sur mon compte. La condition fut qu'elle me fournisse les justificatifs de ses dépenses. Bien évidemment et malgré cela, elle ne me faisait plus à manger et je devais me débrouiller seul. Quelques temps après, je fus obligé de lui retirer également de force cette carte PASS, car cette malhonnête utilisait à tour de bras le nouveau service de la carte

PASS : on pouvait en effet, depuis peu, retirer de l'argent dans un distributeur et "votre mère" se mettait à nouveau à vider mon compte bancaire. Elle utilisait également cette carte pour son essence et pour s'habiller et refusait de me fournir les tickets de caisse et justificatifs qu'en contre partie, elle s'était engagée à me fournir.

Dans le même état d'esprit, elle envoya à la Sécurité Sociale son propre relevé d'identité bancaire (RIB) afin que soient virés sur son compte à elle les remboursements de frais médicaux que je payais moi ! De même, elle fit un changement d'adresse auprès de Télé 7 Jours pour être la seule à recevoir ce magazine dont j'avais acquitté moi seul le règlement.

Toujours dans le même esprit d'honnêteté, elle me demanda un jour un chèque pour payer des frais de pharmacie. Je fus d'accord de lui signer un chèque en blanc, à condition qu'elle me fournisse le justificatif ainsi que la feuille de maladie pour en obtenir le remboursement de Sécurité Sociale. Ainsi fut fait, et sur la feuille de maladie apparaissait un montant de 15 francs. Mais quelle surprise quand arriva mon relevé bancaire : c'était un montant de 160 francs qui était débité sur mon compte correspondant à ce chèque ! D'autre part, et c'est un comble, c'est sur mon compte qu'elle a payé les premiers honoraires de son avocat !

Quelle honnêteté, n'est-ce pas ! Longtemps après, vous mes enfants, vous m'avez reproché d'être "un voleur" car vous aviez été témoins de ces scènes où je récupérais mes cartes pour que "votre mère" ne s'en serve plus contre moi. Je sais que ces scènes vous ont marquées et ont été largement commentées par les propos mensongers de "votre mère", mais aujourd'hui, vous pouvez comprendre que le "voleur" n'était pas celui que l'on vous faisait croire. "Votre mère" affichait là encore sa malhonnêteté que je lui connaissais depuis longtemps.

"Votre mère" essaya alors la tactique de la "*terre brûlée*", c'est à dire, tenta de m'isoler de mes amis et connaissances : elle commença à se plaindre de moi, me critiquant ouvertement devant eux, pensant ainsi me déconsidérer à leurs yeux et se revaloriser. Malheureusement pour elle, ce ne fut pas toujours le cas : nos amis Lise et René CHANTERELLEAU, amis de mes parents, ont été scandalisés par l'attitude de "votre mère" qui s'était même confiée à Lise, lui racontant ses infidélités avec un luxe de détails qui l'a révoltée. Je vous encourage fortement à les contacter directement, ils vous raconteront directement ce qu'ils ont ressenti et vous pourrez vous faire une bonne idée. Mais n'attendez pas trop, ils sont âgés et très fatigués.

De mon côté, malgré une jambe dans le plâtre (accident de peinture), je ne restai pas inactif. Je commençai à constituer mon dossier de défense. Tout d'abord je pris rendez-vous avec ce fameux Jean-Claude DAMOUR pour voir ce que je pouvais en tirer de bon. Notre conversation fut surprenante. Il me raconta tout ce qu'il avait enduré avec "votre mère" et le mal qu'il eut à s'en débarrasser tellement elle s'accrochait. Il me raconta les nuits qu'il passait, à palabrer pendant des heures avant de pouvoir tenter de la séduire, ses lubies d'amour platonique qui ne l'intéressaient pas du tout. Nous avons rigolé tous les deux en nous remémorant l'épisode de sa fuite à poil par la fenêtre... Finalement, nous étions tous les deux, deux pauvres victimes... Ce "gentleman" ne me fit pas de certificat, mais me confia quelques photos de "votre mère", se baladant nue dans une maison, lors d'un week-end quelque part en Provence... Je l'ai quitté en le remerciant, avec un clin d'œil, de m'avoir permis, par son action courageuse, un peu de répit et de tranquillité.

Puis je me rendis à Saint-Raphaël pour rencontrer Madame LOMBARD, propriétaire de l'appartement loué par "votre mère" pour les vacances. Cette dame me reçut tout d'abord fort mal car elle croyait que je venais lui demander un certificat pour récupérer une subvention quelconque auprès d'un organisme comme par exemple les Allocations Familiales. En effet : « *Vu le comportement de votre dame, je ne suis pas prête à faire la moindre démarche pour elle, m'avoua-t-elle* ».

Je ne comprenais pas, mais quand je lui expliquais la raison de ma visite, elle se ravisa et me raconta : *« Vous comprenez, me dit-elle, j'ai élevé trois filles, j'ai huit petits-enfants, dont cinq filles ; je suis une femme moi aussi et je connais bien les petits problèmes que nous, les femmes, avons chaque mois. Il peut toujours y avoir des accidents, mais dans ce cas-là, on le dit, on ne retourne pas le matelas pour le cacher comme le fit votre dame. J'ai été obligée de changer le matelas tellement il était tâché, puis, elle ajouta : alors, ne vous inquiétez pas, vous l'aurez, votre papier »*.

Dans la semaine qui suivit, je reçus de cette dame un certificat qui stipulait que *« La deuxième semaine, Mr FERS est reparti et a été remplacé par un ami de Mme FERS (dont j'ignore l'identité) avec qui elle est repartie ainsi que ses enfants le 15 août 1986 »*.

Je fis constater ensuite par un huissier que "votre mère" sortait et que j'étais obligé de m'occuper seul de mes enfants. En effet, sûre d'elle, elle continuait de se rendre chez ce Martin, qui habitait dans le grand immeuble du cours de la Libération, tout près du stade de rugby.

Enfin, je préparais un long mémoire dans lequel j'expliquais pourquoi je demandais la garde et comment je comptais continuer à m'occuper de vous. Je faisais établir également quelques certificats d'amis et de mes frère et sœur à tout hasard. Ces certificats n'avaient aucun caractère mensonger ou accusateur à son encontre, mais étaient là pour montrer au juge que je n'étais pas ce pour qui elle voulait me faire passer. Voilà, j'étais prêt.

Un beau soir "votre mère" se précipita sur moi furieuse : « *Qu'est-ce que c'est que cet avocat que tu as pris ! C'est une vrai brêle, il perd tous ses procès !* », comme si c'était son problème. De plus, si c'était vrai, ça ne pouvait qu'aller dans son sens ! Quel ridicule ! Ce n'était que pour le plaisir de faire des histoires et des reproches, mais j'avais l'habitude !

Convoqué chez le JAM pour le 14 mai 1987, je dus faire reporter cette date car j'étais absent pour raisons professionnelles. La veille du nouveau rendez-vous chez le JAM, le 3 juin, j'assistai à une représentation d'Aïda à la patinoire, mais n'en profitai guère : de violentes contractions me labouraient le ventre et me faisaient me tordre de douleur ; à minuit, je fus transporté aux urgences de l'hôpital Michalon : coliques néphrétiques. Ce sont des petits calculs, sorte de cristaux solides de quelques millimètres qui se forment dans les reins et qui produisent d'atroces douleurs lorsqu'ils se frayent leur chemin vers la vessie. A la première heure, je réussis de justesse à prévenir mon avocat qui put faire reporter la conciliation pour la fin juillet. Furieuse, "votre mère" se précipita à l'hôpital pour vérifier la véracité de mon état.

Remis de mes émotions, je pus peaufiner mon dossier et fus prêt pour cette nouvelle conciliation.

Ce 23 juillet 1987, "votre mère", la plaignante, comparut la première en entretien particulier pour expliquer au juge les raisons de sa plainte. Puis, à mon tour je fus reçu par le JAM. Je présentai alors mon mémoire, mon avocat présentant le reste des pièces en sa possession. J'eus la surprise de constater que le juge refusait ce mémoire sous prétexte que l'accusation n'en avait pas pris connaissance auparavant, point de droit que j'ignorais. Enfin, j'en lus une partie et plaidai ma cause. Puis nous fûmes reçus tous ensemble, les deux parties, chacune accompagnée de son avocat. Là, coup de théâtre, "votre mère" retirait soudain sa plainte pour faute : l'affaire était donc close et il ne pouvait plus y avoir de divorce. En fait, ce pauvre Martin, s'étant rendu compte qu'il "brisait" un ménage, avait préféré retirer ses billes. "Votre mère" réalisa alors qu'elle se retrouverait seule si elle divorçait et préféra tout arrêter !

Un peu dépité par ce revirement inhabituel mais bien dans la ligne tortueuse de "votre mère", je déposai l'après-midi même avec l'aide de mon avocat une procédure de divorce pour faute à son encontre. En effet, je m'étais finalement fait à cette idée de divorce et j'y étais désormais bien décidé. Je ne pouvais pas accepter non plus ce nouveau caprice à un tel niveau. Je pus alors accéder aux différents certificats que son avocat, Maître BUNKER, joignait à son dossier. J'y découvrais, horrifié, les affirmations mensongères de vos grands-parents et du reste de sa famille. Je n'en attendais pas moins, certes, mais les propos de Didi me touchèrent davantage, vu les bonnes relations que je croyais avoir avec elle. Rien à voir avec les certificats que j'avais produits.

LA PARTICIPATION AUX CHARGES FINANCIÈRES

Nous n'avions pas encore la date de la nouvelle conciliation que "votre mère" introduisit devant le Tribunal Correctionnel une procédure en référé pour *"ABANDON DE FAMILLE ET PARTICIPATION AUX CHARGES FINANCIÈRES"* ! En un mot, elle voulait me faire condamner à lui verser une pension de 5000 francs par mois, car affirmait-elle, c'était elle qui payait tout à la maison et que du fait du non-accès au compte commun, elle ne pouvait plus survivre (sic) ! En fait elle n'avait trouvé que cela pour constituer un dossier contre moi. Le référé, comme vous le savez est une procédure judiciaire accélérée qui permet de juger une affaire en moins de quinze jours.

Contrairement à la conciliation, le tribunal correctionnel se déroule en public et c'est en public, en cette veille de week-end du 15 août, que j'ai dû déballer et prouver mes dépenses : les impôts, téléphone, EDF, les assurances, les remboursement de prêts, vos activités, etc. Je joignis également un certain nombre de tickets de caisse de dépenses effectuées récemment et prouvai ainsi que je participais plus que ma part aux charges financières de notre maison. J'insistai également auprès du juge, une femme, sur le fait que le divorce était proche et que la plaignante n'avait lancé cette procédure que pour m'enquiquiner et alimenter sa demande de divorce. Son dossier ne comportait même pas de copie de ses feuilles de paie que le juge lui réclama !

Pour le mois d'août, "votre mère" vous avait emmenés quelque part et se refusait à me dire où. Je n'avais pas de nouvelles de vous et je m'en plaignais auprès du juge qui trouva cela un peu cavalier et lui ordonna de me dire, en public, où elle avait emmené mes enfants.

Dès la sortie du tribunal, je fis un saut à mon travail puis me rendis directement à Sorède où la tante Berthe vous gardait. Ma visite vous combla et vous étiez très heureux de me revoir. Par contre, la tante ne voulut pas me recevoir et déclara qu'il n'y avait de place chez elle.

Qu'à cela ne tienne, j'avais pris mes précautions et je m'installai au camp de camping du coin. Aussitôt, vous avez voulu venir avec moi et à tour de rôle, vous avez dormi sous la tente avec moi, nous laissant l'opportunité de discuter longuement en tête-à-tête. J'ai passé trois jours là-bas, vous emmenant à la plage ou ailleurs, sans me soucier le moins du monde de ce pouvaient bien penser et dire les deux commères.

Malgré ma bonne foi, en comptant dans mes revenus la part de mon salaire que j'épargnais en actions BULL, ce qui était injuste car "votre mère" en profitait, et en faisant en plus une faute de calcul à mon désavantage dans le décompte de mes revenus et aussi de mes dépenses, le juge me condamna tout de même, pour la forme, à payer à "votre mère" la somme mensuelle de 2300 francs. Mon avocat me dissuada de faire appel de cette décision vu l'échéance proche du divorce et le ridicule de ce qu'elle avait obtenu par rapport à sa demande. Comme nous recevions bientôt la nouvelle convocation pour la conciliation, je ne me suis jamais occupé de cette décision ni ai payé le moindre centime... montrant par là-même le ridicule et l'inutilité de ce procès.

Pour vous, toutes ces choses furent transparentes, enfin je l'espère. Vous ne voyiez que les engueulades quotidiennes et les cris de "votre mère". Il était temps que cela change pour tout le monde.

LA DEUXIÈME CONCILIATION ET L'ONC

C'est le 24 septembre 1987, que nous nous présentâmes pour la deuxième fois devant le JAM. Cette fois-ci, c'est moi qui passais le premier et ne voulant pas commettre la même erreur que la première fois, je pris la précaution de remettre une copie de mon mémoire à l'avocat de la partie adverse, Maître BUNKER. Dans la salle des pas perdus, j'avais vu en rigolant "votre mère" se décomposer en prenant connaissance de mon dossier.

Le JAM était une femme, là aussi, mais curieusement, cette fois-ci, je me sentais très détendu devant elle. Je m'étais bien préparé. Je lui lus en prologue le préliminaire de mon mémoire en entier : « *J'estime de plus qu'il n'est plus tolérable ce calquer une vie familiale sur la vie sentimentale tumultueuse d'une femme, au gré des promesses et revirements de ses amis de passage...* ». Puis, je le lui remis en lui précisant bien que la partie adverse en avait reçu une copie. Je demandais, en expliquant pourquoi, la garde pour mes deux enfants ainsi que le domicile conjugal. Elle le lut avec beaucoup d'attention et complètement ce qui m'étonna, me demanda deux ou trois précisions et si j'avais quelque chose à ajouter. "Votre mère" comparut ensuite et la réunion au complet fut assez rapide, apparemment le juge avait tous les éléments. Je revois encore Maître BUNKER essayant, sans grande conviction, d'expliquer au juge que Monsieur FERS est si violent que ses enfants sont littéralement "terrorisés" devant lui. Mon avocat, Maître BAILLERAS, répliqua qu'il vous avait déjà vus en salle d'attente à son cabinet un jour que j'avais rendez-vous et que ce n'était pas du tout l'impression que vous lui aviez donnée ! « *Qui veut tuer son chien, l'accuse de la rage* », ajouta-t-il. Il continua en lisant le certificat de Madame LOMBARD, justifiant ainsi la faute, ce qui jeta un grand froid dans ce bureau et me fit sourire. Tout était dit. Mis en délibéré, le jugement était attendu pour le lundi suivant, 28 septembre 1987.

Je me rappelle que le dimanche qui suivit, vous aviez souhaité vous rendre à la « *Virade pour l'Espoir* » pour la mucoviscidose, à Lans-en-Vercors et nous y sommes allés tous les trois. Je rigolais tout seul rien qu'à la pensée d'y rencontrer par hasard Madame le juge et de lui montrer les deux enfants "terrorisés" que vous étiez. Nous avions d'ailleurs passé une excellente journée.

Le lendemain, je téléphonais à la première heure au greffe du Tribunal de Grande Instance pour connaître le verdict. C'était incroyable : contre toute attente, c'était moi, votre père, qui obtenais la garde de mes deux enfants et gardais le domicile conjugal. "Votre mère" ne jouissait que du droit de visite habituel d'un week-end sur deux, mais en plus le mardi soir et le mercredi matin puisqu'elle ne travaillait pas le mercredi. Par contre, il faut le souligner, elle n'avait aucune pension alimentaire à me verser ; je n'en avais d'ailleurs pas demandée. Ce jugement était provisoire bien entendu (mais souvent le provisoire est confirmé) et il était assujetti d'une enquête sociale confiée à la SEA, Sauvegarde pour l'Enfance et l'Adolescence.

Comme il fallait le prévoir, "votre mère" accueillit le verdict avec incrédulité. Je dus même appeler une deuxième fois le greffe pour confirmation, ce qui irrita Madame la Greffière. Puis "votre mère" s'effondra complètement. Elle ne comprenait pas ce qui lui arrivait. Elle était tellement sûre d'elle, qu'à l'entendre, ce n'était même pas la peine de faire un procès, que le jugement était déjà écrit (dans sa tête), et elle me sous-estimait tellement que pour elle ce ne pouvait être qu'une erreur. Ce jour-là, craignant une réaction inconsidérée de sa part, je suis venu vous chercher tout de suite à la sortie de l'école. Quand "votre mère" est rentrée, la mine déconfite, elle avait vieilli de plus de quinze ans. Gentiment, je lui ai expliqué les nouvelles règles : elle pourrait rester à la maison le temps de trouver quelque chose pour se loger et elle pourrait jouir de son droit de visite normalement. Par contre, je vous avais expliqué la situation et j'attendais d'elle qu'elle ne vous mêle plus à ses affaires judiciaires, qu'elle ne tente en aucune manière à vous monter contre moi et encore moins à vous manipuler. Je n'entendais pas non plus qu'elle s'incruste chez nous ; il fallait qu'elle trouve très vite à se loger.

Le soir même, je reçus un coup de fil de Dady hors de lui et insultant : « *Qu'est-ce que vous avez bien pu raconter au juge pour qu'il retire ses enfants à une mère ?*», hurlait-il. Je lui répondis de s'adresser à son avocat, car il avait tous les éléments. D'ailleurs, n'était-ce pas lui qui en payait les honoraires ?

"Votre mère" resta plus de deux mois à la maison, pleurant en permanence, prostrée et inerte, tel un parasite. Elle s'était installée depuis longtemps dans la chambre d'Elodie qui avait hérité de sa banquette et utilisait la cuisine quand nous avions terminé de manger. Entre temps, je réitérais auprès de Dady, puisque "votre mère" était complètement déconnectée et inaccessible, ma proposition de garde alternée qu'elle refusait avant le jugement. C'est d'ailleurs avec lui et lui seul que j'ai négocié. Petit à petit, celui-ci se rendit enfin compte que cette proposition était honnête et permettrait à "votre mère" de récupérer un peu d'autorité parentale et de vous avoir un peu plus souvent, mais il fallait qu'elle apprenne à partager, et cela, ce serait très dur.

Finalement, après pas mal de palabres avec Dady, "votre mère" accepta ma proposition complète et avec nos avocats, nous décidâmes de relancer une procédure de divorce, mais cette fois-ci, à l'amiable. Il était temps, mais quel perte de temps et quel gâchis !

Nous fûmes ensuite convoqués par Madame BONNARD, de la SEA pour l'enquête sociale. "Votre mère" tenta d'annuler cette disposition, vu qu'on était d'accord pour un divorce à l'amiable, mais comme il n'était pas question d'aller à l'encontre d'un jugement, il fallait faire cette enquête. Vous avez été entendus également par Madame BONNARD, rappelez-vous le "panier à disputes", sur son bureau, ce petit panier avec un aimant et rempli de trombones, qui t'énervait tant, Rodrigue...

Cette enquête sociale fut une série d'interviews particulières avec chacun d'entre nous, puis de réunions de groupe avec ou sans vous. Madame

BONNARD s'est avérée une excellente psychologue et a tout de suite cerné les différentes personnalités de chacun. Elle mesura, puis avec mon accord, elle minimisa la grave immaturité de "votre mère" et elle fit en sorte d'amener la conclusion de son rapport sur une recommandation de garde alternée telle que je l'avais intégralement définie dès le départ. Il faut savoir que les tribunaux n'acceptaient plus ce type de garde depuis quelques temps et qu'il fallait montrer la faisabilité de la chose. Madame BONNARD pensait surtout que, durant ma semaine, je pourrai contrebalancer votre déficit affectif et vous recadrer, car elle visait surtout votre bien-être. Mais que de concessions ai-je dû donc faire pour en arriver là ! Ce rapport me décrit comme un bon père, volontaire et décidé et décrit tout de même "votre mère" comme une femme instable et hyper protectrice.

J'insiste ici, et c'est important, sur le fait que j'aurais pu à ce stade des événements, faire appliquer à la lettre le jugement, ne pas proposer de garde alternée et mettre immédiatement "votre mère" à la porte de chez nous. Rien qu'en refusant ne serait-ce que la moitié des concessions que j'ai acceptées devant Madame BONNARD, l'enquête sociale n'aurait pas eu la même conclusion, et de loin. Cela m'aurait aussi permis de payer deux fois moins d'impôts ! Mais là, j'ai pensé que vous seriez plus heureux en voyant chacun de vos parents de manière égale, même si ce n'était plus ensemble. J'ai fait tout cela exclusivement pour vous deux, mes deux enfants ; toutes ces concessions tous azimuts que je fis et toute l'énergie que je déployais, alors à contresens, ont permis ce dénouement. J'en fus pourtant bien mal récompensé, car l'avenir montrera que tout le monde n'a pas la même préoccupation pour le bonheur de ses enfants et que la jalousie alliée à la bêtise fait devenir méchant et fait faire aux imbéciles les pires crasses, même à ses propres enfants.

"Votre mère" s'étant reprise un peu, commença ses recherches et loua un appartement à Voiron-centre, rue de Lille. Elle m'avait même demandé de me porter caution pour cet appartement, ce que j'avais accepté dans un premier temps, mais ce que Madame BONNARD m'a fort heureusement déconseillé de faire. C'est avec mon copain Gilles PREDIEU que nous avons organisé et réalisé entièrement son déménagement. D'ailleurs, le seul remerciement que Gilles reçut, fut d'être traité de "pédéraste", argumentant qu'il partageait son logement avec mon autre copain Jean-Claude BRODIN. Décidément, la méchanceté n'a vraiment pas de limites !

Lorsque "votre mère" redéménagea pour un appartement au dernier étage, quelques temps plus tard, c'est encore moi qu'elle appela pour resserrer les vis et boulons des meubles qui avaient été remontés n'importe comment par je ne sais qui.

Puis la première chose que fit "votre mère" fut de partir en vacances en Egypte, sans vous, mais pas seule. Elle qui m'avait tellement cassé les pieds avec sa trouille de l'avion, trouvait là tout à fait naturel et normal de partir ainsi.

Et la vie reprit, toute calme, toute douce, nous rentrâmes dans la période de garde alternée où tout le monde, le croyais-je, y trouverait son compte.

LA GARDE ALTERNÉE

Juridiquement, voici comment cela s'est passé. Le rapport de l'enquête sociale fut remis au juge le 23 décembre 1987. Celui-ci préconisait d'entériner l'accord que nous avions conclu en commun, à savoir la garde alternée d'une semaine sur deux. Nous nous réunîmes plusieurs fois à quatre et c'est Maître BUNKER qui se proposa de refaire la demande de divorce (la troisième), mais cette fois à l'amiable. Le 14 juin 1988 nous repassions devant le JAM qui posa quelques questions et notre demande fut homologuée le 4 août suivant. Par contre, un divorce à l'amiable se faisant en deux fois, il fallait réitérer la demande quelques mois après. Nous repassâmes alors une nouvelle fois devant le JAM le 7 mars 1989. Cette séance dura une minute, montre en main, en tout et pour tout, juste le temps de s'entendre officiellement divorcés.

Financièrement, "votre mère" se montra alors un peu plus raisonnable : au lieu d'exiger la moitié de la valeur de la maison comme elle le clamait à cors et à cris, elle admettait enfin qu'il restait un crédit à retirer de ce montant et qu'il y avait une "récompense". Quand un couple sans contrat de mariage divorce, ce qui était notre cas, les biens achetés durant le mariage sont des biens communs et sont à partager devant notaire ; par contre, chacun récupère les biens qu'il avait avant le mariage, lesquels s'appellent les fonds propres. C'est en quittant Bondy que j'ai revendu mon appartement parisien et j'avais acheté tout un tas d'actions et d'obligations avec le montant de cette vente, ce qui constituait mes fonds propres ; "votre mère" n'en avait pas. En jargon judiciaire, la "récompense" est la part des fonds propres appartenant à l'un des époux utilisée en achats pour le bien commun. J'ai pu prouver que j'avais utilisé une grande partie de mes fonds propres pour l'amélioration de notre maison (réfection de la salle de bain, de la terrasse, achat de sa voiture, etc.) et j'ai pu déduire ce montant de la part commune à partager, part qui revenait à environ 460000 francs. Pour garder la maison, je devais en verser la moitié à "votre mère". Pour solde de tout compte, je lui cédai, devant notaire, l'ensemble de mes avoirs en actions et obligations et elle gardait la petite maison de Boucherie, ce qui lui faisait l'équivalent de 250000 francs (bien plus que cela n'était dû). Je lui versais, en plus, la moitié de mes actions Bull et de mes placements de participation française, ceux qui avaient été pris en compte à tort par le juge comme revenus dans le calcul précédemment et qui représentaient environ 40000 francs. Ceux-ci n'avaient pas été comptabilisés chez le notaire pour le partage. Je ne sais ce qu'il reste aujourd'hui de ce capital, ce n'est pas mon problème, mais je n'aimerai pas que vous continuiez à me traiter de voleur, après toutes ces explications, alors que j'ai versé à "votre mère" bien plus que je ne lui devais. Je ne lui ai pas réclamé non plus les 3400 francs qu'elle vous avait volés sur vos comptes épargne, je vous en laisse le soin...

novembre 1986 - mars 1989 - Plus de deux ans ! Deux années de procédure, de tracasseries, de batailles inutiles, pour en arriver à mon point de départ ! Quelle bêtise ! Que d'énergie dépensée en pure perte ! Quel gâchis ! Mais voilà, enfin, la page était tournée, nous allions vivre différemment, une nouvelle vie s'offrait à nous.

Pratiquement, nous n'avions pas attendu le jugement pour mettre en place notre garde alternée. Dès que "votre mère" se fut installée, vous alliez chez elle le lundi soir jusqu'au lundi suivant. Les vacances étaient partagées en deux également et en fonction de la parité des années, vous alliez chez elle ou chez moi en premier. Nous partagions les frais de votre entretien, deux tiers pour moi, un tiers pour elle. Malheureusement, je ne vous voyais pas souvent porter les habits dont pourtant je participais à l'achat. Elle prit ainsi très vite l'habitude de vous empêcher d'amener chez moi les habits qu'elle achetait et même, de ne pas rendre ceux que j'achetais. Puis, comme je me faisais rembourser une partie de tes cours de guitare par BULL, Rodrigue, "votre mère" trouvait naturel de m'envoyer les factures pour n'en rien payer. Elle avait d'ailleurs aussi pris l'habitude de m'envoyer toutes les factures...

Enfin, malgré cela, nous commencions à revivre ! Une semaine sur deux, nous nous retrouvions tous les trois, dans le calme, sans plus de cris ni de problèmes. Nous recommencions à chanter, à être heureux, à vivre, tout simplement. Pour les vacances, je louai un camping-car, vous qui en aviez tellement envie et nous nous promenâmes sur la côte une petite semaine. C'était super. Le véhicule était tellement grand que nous jouions au foot dedans, vous vous rappelez ? Puis, nous partîmes tous les trois avec le Club Med à Korba, en Tunisie pour quinze jours de repos, de détente et de vraies vacances. J'avais envie de vous faire connaître ce Club sympa. Il est dommage qu'une partie de ce séjour ait été occulté par ton angine, Elodie, qui te donnait énormément de fièvre et il faisait très très chaud. Mais je n'étais pas peu fier d'être en vacances ainsi avec mes deux enfants.

C'est à peu près à cette époque, donc après notre divorce, quoi que puisse en dire "votre mère" qui est très mal placée pour me critiquer sur ce plan, que je rencontrai Charlyse. Nous nous sommes vus, Charlyse et moi, pour la première fois chez Catherine, une amie commune, malheureusement aujourd'hui décédée et nous avons beaucoup sympathisé. Charlyse habitait Voiron, était mariée et avait une petite fille de ton âge, Elodie, ce qui nous rapprocha un peu. Je t'avais emmenée avec moi un jour pour réparer sa machine à laver qui était tombée en panne et tu avais joué avec Séverine tout l'après-midi.

Franche, honnête, entière, directe, décidée, dynamique, serviable, coquette, toujours prête à faire la fête et à croquer la vie à pleines dents, Charlyse est tout le contraire de "votre mère". Sa classe, la grâce et la beauté de son physique me séduisirent autant que ses qualités de cœur. Je l'admirais pour sa féminité, son goût, son intelligence, sa vivacité d'esprit, son humour et la bonté qui émanait d'elle. Tout le contraire vous dis-je ! Chacun de nous deux avait ses problèmes familiaux avec son conjoint, mais nous n'en parlions guère. Charlyse n'avait pas non plus été gâtée par la vie. Elevée sans amour, mariée à un être aussi paresseux que menteur et violent, elle n'avait qu'un but dans la vie : donner à sa fille le bonheur qu'elle n'avait jamais eu et se donnait pleinement dans son travail, très difficile, d'infirmière en psychiatrie.

Entre Charlyse et moi, il n'y avait que de l'amitié et nous aimions nous rencontrer au milieu de nos amis pour faire les fous, cela m'avait tellement manqué, pendant si longtemps ! Pourtant, il n'était pas question pour moi de vous mêler à ma vie comme le faisait sans scrupules "votre mère".

Cela ne m'empêchait pas de me faire une fête de vous recevoir chaque semaine qui m'était allouée. A chaque fois vous pouviez découvrir un changement dans la maison. Bien sûr, je n'étais pas un pro de la cuisine, mais nous nous étions organisés. Nous faisions tous les trois les travaux ménagers, ensemble ou chacun à notre tour, mettre et débarrasser le couvert ou même faire la cuisine. Chaque jour était un jour de fête. L'une de nos premières sorties, rappelez-vous, fut d'aller escalader les grottes qui se trouvent au rond-point de la Buisse. Nous allions également souvent au restaurant, au cinéma, faire du ski, au bowling ou même nous promener. Un jour, tout à fait par hasard, nous avons rencontré Charlyse et Séverine au restaurant. Nous avons alors partagé la même table et passé l'après-midi ensemble. Rodrigue, tu ne les connaissais pas et tu avais beaucoup parlé avec Charlyse. Un autre jour, nous étions même allés chercher des champignons avec mon ami Jean-Claude BRODIN.

Désormais, nous ne loupions plus une seule fête de

l'école : Loto, Carnaval, Kermesse. En 1988, le Dauphiné fêtait le bicentenaire de la Révolution Française avec un an d'avance sur le reste de la France. Pour l'occasion le Sou de Ecoles et votre école avait organisé une grande fête en costumes d'époque lors de la kermesse. J'avais confectionné moi-même ton costume de L'Abbé SEYES, Rodrigue, costume que j'ai encore dans mes cartons. Elodie avait, pour cette occasion, une très belle robe à crinoline prêtée par Séverine et qu'avait confectionnée Charlyse pour un bal costumé quelques temps auparavant. J'avais aussi confectionné vos perruques. C'est également moi qui avais imprimé la plaquette-programme que vous vendiez aux spectateurs.

Au départ de "votre mère", je découvris dans le cagibi, une boîte à chaussures remplie de petits tubes bleus : des doses homéopathiques. Pleine à raz bord, cette boîte en contenait des centaines. Mais ma surprise fut de taille lorsque je découvris un autre carton bien plus gros et bien plus lourd : il était plein de boîtes de médicament plus ou moins entamées, certaines même non ouvertes. J'appelai mon frère Marcel pour lui faire part de ma découverte et lui demander ce que c'était et ce que je devais en faire : il ne s'agissait que de neuroleptiques, somnifères, antidépresseurs, anxiolytiques en tout genre qu'elle s'auto-prescrivait... avec ça, il n'était pas étonnant qu'elle décartonne ! C'est le type de médicaments et de traitements qu'on administre régulièrement aux malades mentaux ! Marcel me demanda de tout brûler afin que cela ne tombe entre des mains innocentes, ce que je fis.

Je me lançais alors dans deux grands travaux à la maison. Tout d'abord, je refaisais toute la cuisine : la paillasse, les meubles et la table, à laquelle j'avais donné la particularité d'être extensible en fonction du nombre de convives. Paillasse et table étaient recouverts des mêmes carrelages que le sol. Puis, comme je t'avais promis une chambre, Elodie, je me lançais dans la réfection de ta chambre mais, surtout, dans la fabrication de ta mezzanine : toute en pin massif, avec lit, armoire, bureau et plein de petits volumes de rangement. Cette mezzanine était très jolie et te faisait gagner beaucoup de place pour jouer et je sais, Elodie, que tu en étais très fière.

Et puis, une nuit sur le coup de deux heures du matin, je reçus la visite de Charlyse : ne sachant où aller en pleine nuit, elle me demandait l'hospitalité avec Séverine. Victime une fois de trop des brutalités du père de Séverine, elle avait fui son domicile en pleine nuit en emmenant sa fille. Le nez et un doigt cassés, le visage tuméfié, des ecchymoses partout, elle trouva chez nous le havre de paix dont elle avait besoin. Son divorce était déjà engagé et elle entama alors une procédure de plainte pour coups et blessures. A votre grande joie, Charlyse s'installa donc chez nous, participa activement à notre vie de famille, qui soudain passait au nombre de cinq. Petit à petit, je découvrais la femme formidable qu'elle était et de notre amitié, petit à petit, naquit un sentiment plus profond.

Les trois enfants que vous étiez s'entendaient merveilleusement bien, Séverine et toi Elodie vous considériez déjà comme des sœurs et un beau jour, tous les trois en délégation, vous nous avez demandé si cela ne nous gênait pas que Charlyse et Séverine s'installent à la maison pour toujours, comme vous l'avez dit. Charlyse et moi fûmes très émus et très heureux que ce soit vous qui nous le demandiez. Charlyse et Séverine se sont donc installées définitivement à la maison pour la plus grande joie de chacun.

MOKA

J'avais toujours rêvé avoir un chien à moi. L'occasion s'en est présentée lorsque mon frère Marcel s'apprêtant à quitter Madagascar, avait reçu d'un coopérant qui rentrait en France, une jeune chienne setter, une bête magnifique et très sympa. Marcel me proposa alors de me la donner à condition d'en payer le voyage de rapatriement, ce que, bien entendu, j'acceptais.

Nous venions tout juste de nous installer dans notre nouvelle maison de Bondy quand nous sommes allés chercher à l'aéroport de Roissy, notre nouveau compagnon, MOKA, ce qui veut dire "moustique" en malgache, un superbe setter irlandais femelle, d'environ 8 mois, couleur feu, tachée de blanc sur le museau, le ventre et le bout des pattes, avec 3 poils blancs au bout de la queue. Elle était accompagnée de sa copine ALIKA, "chien" en malgache, un épagneul femelle qui était le chien de Marcel que nous allions garder quelques temps.

Au départ d'Alika, Moka supporta très mal la solitude : elle hurlait à la mort toute la journée, déterrait les plantes, mangeait le fil du téléphone, faisait plein de bêtises...

Nous étions contents à la perspective de la présenter à Lancelot, le chien de Dady, un peu débile, mais je fus fort désappointé tellement celui-ci devint hargneux et méchant avec nous depuis le jour de la présentation. Monsieur n'appréciait pas du tout cette présence étrangère sur son territoire. Ce chien, mal élevé, faisait ce qu'il voulait à Berny, mordant son maître en toute impunité, tout le monde trouvait cela normal et ça faisait même rigoler. J'ai d'ailleurs plusieurs fois demandé que celui-ci fût attaché quand nous venions, tellement je craignais pour vous deux.

Moka a toujours été une adorable chienne, obéissante et très gentille. Elle avait sa place chez nous et elle en prenait de la place ! Je l'aimais beaucoup. Elle était toujours avec nous, je l'emmenais toujours en vacances. Elle manifestait son contentement par de vigoureux coups de fouet qui faisaient parfois mal et qui la faisait saigner. Elle mettait alors du sang partout, tel l'artiste secouant son pinceau... Elle était très gourmande et très vorace, avalant sa pâtée en une ou deux minutes. J'en étais le maître et c'est toujours moi qui m'occupais de sa pâtée, de sa toilette ou de ramasser ses crottes dans le jardin.

Moka n'a jamais mordu quiconque et n'a pas manifesté de jalousie à l'arrivée des enfants dans notre foyer. En fait, sa manière à elle de manifester ne fut-elle pas de s'attaquer à vos couches usagées au point de les rendre presque réutilisables tellement elle les avait nettoyées ! Au contraire, elle se couchait près de votre berceau, et faisait preuve de beaucoup de patience quand, plus grands, vous vous occupiez d'elle à votre manière : Rodrigue, tu aimais bien t'asseoir sur son dos et l'associer à tes jeux ; Elodie, tu la caressais et comparais sa langue à une tranche de jambon. Mais aucun de vous ne lui avez jamais fait de mal. Dans ces moments-là, elle ne bronchait pas, mais me regardait avec des yeux suppliants qui semblaient me dire : « *Au secours, pitié, ne me laisse pas avec ces petits monstres, dis ! »*.

Je me rappellerai toujours Moka et son grand copain Tango, à Berneuil, ce setter anglais qui venait la chercher le matin et avec qui elle partait en ballade toute la journée. Ils étaient adorables et très touchants ensemble.

A Voiron, Moka se sauvait souvent. Cela avait déjà commencé à Bondy, mais avec ses chaleurs, on avait alors beaucoup de mal à la tenir. C'est pourquoi nous l'attachions en permanence dès qu'on la laissait seule dehors.

Nous l'avons récupérée un jour, alors qu'elle était suivie de quatre ou cinq chiens tous amoureux fous... parmi eux un très beau setter, qui fut je pense le papa des deux adorables petits chiots qu'elle mit au monde trois mois plus tard...

Ceci ne fut pas sans mal. Au fur et à mesure que sa grossesse devenait évidente, "votre mère" ne se sentait plus : *« je ne veux pas de chiots à la maison, fais-la avorter ! »*... criait-elle quotidiennement alors que j'étais tellement heureux pour elle, mais également pour vous : quelle magnifique leçon de sciences naturelles cela allait-il vous faire !

Un beau matin les bébés sont nés ; on les entendait couiner dans la niche que j'avais tapissée de papier journal. J'étais très ému et vous étiez surexcités. "Votre mère" me criait sans arrêt de me débarrasser d'eux, d'aller tous les tuer, car elle ne voulait pas de "ça" à la maison ! *« Tue-les ! Tue-les ! »*, hurlait-elle au bord de l'hystérie. Je la laissais hurler comme j'en avais maintenant pris l'habitude et n'en fis rien. Instinctivement et naturellement Moka s'occupait avec toute sa tendresse de ses deux petits chiots, un garçon et une fille. Comme elle devait nettoyer sa niche en permanence, Moka sentait fort mauvais et était très sale ce qui rendait "votre mère" encore plus hystérique, mais ses bébés, eux, étaient très propres et très beaux et paradoxalement sentaient très bons. Nous les avions nommés "Tichka" et "Milord", suivant le vœu de mes collègues de travail qui les avaient réservés. Il n'était évidemment pas question que ces petites boules de poils rentrent dans la maison, "ça" aurait tout sali !

Peut-être parce que leur nouveaux maîtres n'avaient même pas eu une pensée ni même un petit cadeau pour leur maman quand ils sont venus chercher leurs chiots, que Milord et Tichka subirent tous deux un sort tragique dans l'année qui suivit : Milord fut abattu par un chasseur qui l'avait pris pour un lapin, Tichka fut fauchée par une voiture tandis que, fofolle, elle échappa à son maître pour traverser la rue sans regarder.

J'ai commis une erreur à cette époque, erreur que je n'ai pas commise de nouveau par la suite et ne recommettrai jamais plus : nous étions tellement heureux de voir ces petits chiots sympas que nous jouions toujours avec eux tout en oubliant Moka. Nous la délaissâmes à ce moment, et Moka fit une "dépression" alors qu'elle méritait toute notre attention. Nous aurions dû la féliciter pour ses bébés, redoubler de caresses. Nous n'en avions qu'après eux. Moka ne mangeait plus et elle se sauva alors assez souvent, abandonnant ses bébés ; alors que je la cherchais partout, elle avait trouvé refuge chez un voisin qui s'en occupait, la trouvait sale et bien triste, mais la réconfortait et lui donnait à manger. A l'époque je ne comprenais pas son attitude, mais "votre mère" sauta sur l'occasion pour s'en débarrasser en magouillant avec ce voisin et me proposa avec beaucoup d'insistance de leur donner Moka, eux qui savaient si bien s'en occuper ! ! ! Elle avait déjà tout prévu avec eux ! ! ! Tout à fait le genre de ceux qui abandonnent des animaux attachés sur le bord d'une route, sachant qu'il y aura bien quelqu'un pour les recueillir ! Elle m'avait déjà fait le coup avec notre petit chat Miko que j'avais eu la honte d'abandonner à la SPA. Malgré ses assauts insistants, je refusai : Moka était ma chienne et était le compagnon de mes enfants. Ce n'est pas parce qu'on n'aime pas les animaux qu'on doit obliger son entourage à subir ses lubies !

Un jour, après une fugue de 5 jours, Moka revint toute crottée, trempée et affamée. C'est Charlyse qui s'en occupa, la réconforta et la nettoya pour que je ne vis pas l'état dans lequel elle revint. Trois mois après elle mettait au monde deux autres bébés. Je me rappelle de l'un d'eux, "Whisky" que nous sommes allés tous ensemble donner à la personne qui l'avait réservé.

Un autre jour, Elodie, tu te lovas contre moi et de ton air le plus séducteur tu me demandas une faveur

: « *Papa, je voudrais que tu me fasses un cadeau : s'il-te-plaît, donne-moi Moka !* ». Un peu ému par cette demande, j'eus du mal à t'expliquer que Moka n'était pas un jouet, que c'était un membre de la famille et que j'en étais le maître tout comme j'étais le chef de famille. Mais je t'ai dit que si tu voulais, tu pourrais t'en occuper : lui donner à manger tous les jours, la brosser et ramasser les crottes dans le jardin à ma place. Tu as dit que tu étais d'accord, mais cela n'a duré que quelques jours... J'avais néanmoins été très touché par ce que tu venais de me demander.

Moka vécut jusqu'à 14 ans. Je l'avais déjà faite opérer d'une tumeur aux mamelles après ces naissances. En fait le chirurgien lui enleva cinq mamelles et elle portait une cicatrice de 50 cm de long. Elle s'en remit très bien jusqu'à ce jour où je la retrouvais amorphe, l'œil vitreux et le ventre tout gonflé : avec Charlyse nous constations une hémorragie interne et l'avons apportée immédiatement à la clinique en urgence. Elle décédera pendant l'opération, son pauvre cœur n'ayant pas supporté l'anesthésie générale. Bien sûr, à mon retour de la clinique, j'ai essayé de retarder l'annonce de sa mort en vous disant qu'elle dormait et qu'elle ne s'était pas encore réveillée. Il a pourtant bien fallu vous l'annoncer. Vous avez tous les trois beaucoup pleuré la disparition de Moka.

Aujourd'hui, quand je vois un setter avec quelques poils blancs sur le museau, je pense très fort à Moka. C'était vraiment une brave chienne et un super compagnon.

Et puis, aujourd'hui encore, plusieurs années après sa disparition, en faisant le ménage, même dans notre nouvelle maison, il nous arrive encore de retrouver des touffes de ses poils roux...

Et pour répondre à l'interrogation de Rodrigue : « Non, Charlyse n'a pas empoisonné Moka, comme te l'a si souvent rabâché ta « mère ».

LA BAVETTE

Tout petit, Rodrigue tu étais trop occupé pour sucer son pouce dans la journée Tu le suçais uniquement dans ton lit, dormant en position du prieur musulman, la tête posée sur le côté, les genoux repliés sous le ventre. Tu émettais alors des sons qui ressemblaient à « *colé-colé-colé* », ce qui était fort amusant.

Elodie, toi, tu n'as jamais sucé ton pouce : tu suçais ensemble l'index et le majeur de sa main droite. Mais tu ne pouvais pas sucer, si tu n'avais pas un bout de chiffon que tu plaçais de la main gauche par dessus tes doigts et juste sous les narines. Tout était bon, draps, mouchoirs, couches... La couche, pièce de tissu fin de 50cm x 50cm, que "votre mère" appelait "bavette", semblait très bien convenir et il fallait toujours penser à en emmener avec nous. D'une saleté repoussante, celle-ci portait ton odeur et tu ne voulais jamais en changer. Tu te réveillais souvent la nuit, en pleurant, car tu ne la retrouvais plus, et je devais t'aider à la retrouver pour que tu puisses de rendormir.

Tu gardas ta "bavette" très longtemps, ce qui m'inquiétait fort car ta bouche s'était déformée : en effet ta mâchoire inférieure ne se trouvait plus en face de la supérieure. Tu avais dépassé tes 10 ans et en avais toujours besoin, même si tu ne l'utilisais pas devant les copines, tu ne pouvais pas t'en empêcher à la maison.

Plus d'une fois Charlyse tenta de te rassurer et t'expliqua que si tu voulais être une grande fille et pour entrer en 6ème, tu devais décider toute seule de t'en séparer. C'est toi qui déciderais de la date, et ce jour-là, on ferait une grande fête avec un grand feu dans la cheminée.

Un beau soir de mai 1991, Elodie, tu me demandas dans le creux de l'oreille de faire du feu. Bien que le temps fût clément et que le chauffage fût coupé, je compris tout de suite : ce soir-là une flambée s'imposait, Tu étais prête !

J'ai alors demandé à Charlyse de faire un gâteau, à Rodrigue et Séverine de s'habiller comme si on sortait et j'ai annoncé à tout le monde une réunion de famille pour que nous fêtions tous ensemble un grand événement.

Nous nous sommes tous mis sur notre 31, avons

dressé une belle table et nous avons pris "l'apéritif" devant la cheminée. J'ai alors annoncé qu'Elodie avait décidé toute seule de devenir une grande fille. Tu tenais encore ta "bavette" serrée sous ton nez et tu hésitais un peu. Mais soudain, tu te levas et d'un geste assuré, fis une boule de ta "bavette" et solennellement, la jetas dans le feu sous les applaudissements de toute la famille. Nous t'avons tous chaleureusement félicitée et avons regardé brûler cette "bavette" jusqu'au bout. Ce soir-là, Charlyse et moi étions très heureux, mais aussi très fiers de toi.

Tu venais, Elodie, de décider, seule, de faire un grand pas dans la vie et depuis ce jour, à ma connaissance, tu n'as plus jamais sucé tes doigts ni eu besoin d'une pièce de tissu sous le nez.

Tout doucement, ta mâchoire se remettait en place. Il était temps, car l'orthodontiste que je consultais avec toi, Monsieur NAVEAU, ordonna tout de même la pose d'un appareil. C'était en juillet et en août 1992, et bien que vous soyez en vacances chez "votre mère", après les événements graves dont je parle un peu plus loin, c'est moi qui me suis occupé de t'emmener chez l'orthodontiste pour les différents essais, "votre mère" ne voulant pas s'en occuper. D'ailleurs, tu y avais rendez-vous le 19 septembre et "votre mère" a refusé de t'y emmener : on attendait alors le jugement du "référé".

Je n'ai plus jamais eu de nouvelles de cet appareil ni des corrections qu'il aurait dû t'apporter, sauf quelques mois après, quand, bien qu'elle eût obtenu votre garde et le paiement de votre pension, "votre mère" me fit envoyer la facture (tout comme elle me fit envoyer les factures de vos lunettes d'ailleurs) !!! Chacun appréciera l'honnêteté mais surtout l'élégance du geste...

Aujourd'hui, tu n'utilises plus de bavette, Elodie, mais, depuis ton séjour permanent chez "votre mère", tu es mal dans ta peau et tu as énormément régressée. Je n'imagine pas une jeune fille épanouie en te sachant ainsi, sans un sourire, tricoter des mains, tourner en permanence les boutons de ton chemisier entre tes doigts. Si tu savais ce que ça me fait mal au cœur !

CHARLYSE ET SÉVERINE

L'arrivée de Charlyse et Séverine à la maison mit beaucoup d'animation chez nous. Il a fallu tout d'abord s'organiser. Comme il n'y avait que trois chambres, elles seraient pour chacun de vous trois pour que vous soyez indépendants. Nous décidâmes donc de créer la chambre des parents en coupant le salon en deux par un grand rideau. Nous décidâmes également de fabriquer la même mezzanine qu'Elodie pour la chambre de Séverine, laquelle chambre, il faut l'avouer, était la plus petite.

Orky et Doudou, les chiens de Charlyse et de Séverine étaient aussi du voyage et heureusement s'entendaient bien avec Moka. Leur cohabitation s'est toujours déroulée sans aucune anicroche. Orky restait distant, Doudou un peu collant avec elle. Vous aimiez bien ces deux petits montres si gentils.

Remise de ses émotions, Charlyse nous apportait son

sourire et ses talents de cuisinière. Cela changeait effectivement des plats médiocres que vous aviez connus jusqu'à présent et encore plus de ceux que je vous confectionnais. Les recettes de Charlyse te plaisaient tellement, Rodrigue, que tu les recopiais pour les donner à "votre mère" pour que là-bas aussi s'améliore l'ordinaire.

L'ambiance à la maison était soudain toute autre. Nous étions très heureux tous ensemble, nos anciens problèmes de divorce étaient loin derrière, "votre mère" nous laissa un temps tranquille. Vous ressentiez cette joie de vivre et aviez besoin de l'exprimer puisque presque toutes les semaines, nous avions droit à un spectacle que vous organisiez tous les trois. C'était parfois après quelques disputes, mais c'était chouette de voir que vous arriviez tout de même à vous entendre pour présenter un spectacle qui était très souvent de qualité, basé sur des danses ou des play-backs pour les filles, de la musique pour toi Rodrigue. Il t'arrivait souvent, Elodie, de dormir dans le même lit que Séverine, tantôt chez l'une, tantôt chez l'autre.

Charlyse revivait. Elle était toute heureuse d'avoir à s'occuper de trois enfants. Certes, elle gâtait Séverine, mais elle se mit également à vous gâter, ce à quoi vous n'étiez guère habitués. Chaque fois qu'elle achetait quelque chose pour Séverine, elle t'achetait la même chose, Elodie. Rappelle-toi, ton premier soutien-gorge ! Il s'agissait souvent d'habits et on vous voyait parfois habillées pareil, mais de couleurs différentes. Puis, le lendemain, c'était à ton tour, Rodrigue, d'avoir ta chemise neuve ou ton pantalon. Tu n'étais jamais oublié. Charlyse passait son temps à faire le maximum pour vous faire plaisir. Te rappelles-tu, un jour, Elodie, tu lui fis un compliment sur ses boucles d'oreilles que tu trouvais très jolies : spontanément, Charlyse les décrocha de ses oreilles et te les offrit. Pour Noël, vous étiez couverts de cadeaux. Je me rappelle, et les photos sont là pour soutenir ce que je dis, avoir compté ce jour-là 48 cadeaux pour nous cinq et il n'y avait que trois enfants !

Pour chaque week-end que vous passiez avec nous, nous vous préparions en secret, Charlyse et moi, une surprise : un programme original qui changeait chaque fois : c'était une soirée cinéma, une sortie bowling ou patinoire, ou bien même une sortie champignons, châtaignes ou cailloux-fossiles ; c'était une sortie restaurant, tous les cinq, dans de nombreux restaurants parmi lesquels vous vous rappellerez de l'Odyssée, restaurant grec où l'on cassait les assiettes, ou de la Terrine où l'on mangeait le cochon grillé, ou bien même du restaurant-piscine où l'on se baignait avant et après le repas ; c'était une sortie aux parcs animaliers, tels Courzieux avec ses aigles en liberté, Peaugres et ses animaux sauvages ou Villars les Dombes avec ses milliers d'oiseaux ; c'était une sortie croisière sur la Mira du lac de Monteynard ou sur la Libellule du lac d'Annecy ; c'était une sortie surprise, le 8 décembre pour assister aux illuminations de Lyon et son feu d'artifice...

Que de choses avons-nous donc faites tous ensemble ! Rappelez vous le spectacle magnifique des cavaliers mongols, les week-ends tumultueux aux Deux Alpes, ce week-end italien complètement improvisé à Turin, plein de péripéties, les vacances à Paris où nous promenions Karim toute la journée, le spectacle de Rock Voisine au Summum, les paris fous au champ de courses de Parilly, nos vacances à cinq au Club Med, à Korba en Tunisie, puis à Pakostane en Yougoslavie... enfin Calla Mesquida aux Baléares...

Et puis, rappelez-vous ce week-end surprise de trois jours que nous avons pris pour vous emmener en Camargue lors des vacances de la Toussaint : cette splendide maison rustique avec sa grande cheminée et les petites grenouilles partout, partout, les promenades à cheval et le galop sur la plage...

Rappelez-vous également la surprise que nous vous avions préparée pendant ces vacances de Noël : cette belle journée en Chartreuse avec Bernard et ses chiens de traîneaux pour cette fantastique ballade, chacun avec son traîneau et son chien. Elodie, tu avais partagé ton équipage avec Charlyse, mais qu'est-ce que tu avais aimé ces chiens ! Te rappellerais-tu encore leurs noms ? Je suis sûr que oui !

Rappelez-vous la grande surprise que nous vous mijotions depuis très longtemps, pendant les vacances de février alors que nous avions feint de vous emmener, contre votre gré d'ailleurs, faire du ski et que nous nous retrouvions aux Jeux Olympiques d'Albertville : plusieurs années auparavant, je vous avais promis de vous y emmener et cela faisait près de huit mois que j'avais pris les billets ! Nous y étions d'ailleurs allés deux fois, la première à la finale du patinage de vitesse 1000 mètres-Hommes à Albertville, la deuxième fois à la finale de curling, à Pralognan, nouvelle discipline olympique que nous avions tous fort appréciée.

Et puis il y avait les fêtes que nous organisions à la maison, celles où nous nous faisions beaux tous les cinq pour profiter du bon repas que nous concoctait Charlyse et fêter je ne sais quel événement. A chacun de vos anniversaires, par exemple, Charlyse confectionnait un beau gâteau et c'était une nouvelle occasion de faire la fête. Mais surtout, il y avait les fêtes du début de l'été, qui comportaient souvent un thème, comme par exemple *"Bleu-Blanc-Rouge"*, *"Si tous les gars du monde"*... C'était l'occasion de rassembler autour de nous tous nos amis et il y avait du monde... Et puis il y avait les soirées Pictionnary,

Yam, Trivial-Poursuit, Mah-jongg ! Voyez-vous, Charlyse m'a fait retrouver cet esprit de fête que j'avais quand j'étais jeune et que j'avais dû mettre de côté avec "votre mère" et j'étais très heureux de pouvoir partager avec vous ce goût de la fête. Enfin, je profitais pleinement de la vie, je m'amusais, j'étais heureux : je revivais.

Vous étiez ravis de passer la semaine avec nous et vous attendiez même cela avec impatience quand vous étiez chez "votre mère". A tel point que vous nous reprochiez même ce que nous faisions sans vous les week-ends où vous étiez avec elle. Il est vrai que, là-bas, vous n'y faisiez pas grand chose, nous disiez-vous alors. Il t'arrivait souvent, Rodrigue, d'appeler Charlyse de chez "votre mère" pour lui demander de te préparer les plats que tu aimais pour le lundi qui venait, comme des crêpes, par exemple...

Il y a eu aussi les différents mariages auxquels nous fûmes tous invités : Marcel et Anna, tout d'abord, et nous nous étions tous les cinq rendus à Colmar ; puis ce fut le tour de Nadège et Didier, par une chaleur suffocante, mais heureusement dans un restaurant-piscine dont nous avions bien profité ; enfin ce fut, après notre mariage, le tour de ma collègue Martine qui épousait un autre de mes collègues Marcel. Pour toutes ces occasions, vous étiez tous trois superbement habillés et souriants !

Je me rappelle aussi les dimanches que nous passions à t'accompagner, Elodie, aux compétitions de natation, même quand tu étais normalement avec "votre mère" De même pour toi, Rodrigue, c'est toujours nous qui t'emmenions pour tes matches de rugby, le peu de temps que tu y es allé, car là aussi, elle n'y allait jamais. Puis ce fut le ping-pong et pour cette occasion, nous avions même acheté une table de ping-pong pour extérieur, mais que vous n'utilisiez pas souvent.

Nous nous occupions aussi de votre formation. J'avais commencé des cours d'informatique : nous nous réunissions tous les cinq autour d'une table, mais vous n'étiez pas très assidus. Nous vous avions aussi lancé les cours de musique : cours particuliers de piano pour Rodrigue et Séverine, violoncelle à l'école de Musique pour Elodie, puis la guitare à la MJC pour Rodrigue. Pour l'école, Séverine était inscrite dans la même classe que toi Elodie, à l'école Stendhal, avec Monsieur GRANDMAISON et vous alliez toutes deux chez Ammam pour le repas de midi, la gentille dame qui vous gardait après l'école, Charlyse vous récupérant le soir à l'heure des mamans. La semaine où vous étiez chez "votre mère", tu restais seule le soir chez Ammam. Puis, comme je ne pouvais pas être de retour pour ta sortie de classe, Rodrigue, c'est Charlyse qui allait te chercher à la sortie du collège et se payait même le luxe de ramener le copain et voisin Didier

LIONCEAU. Plus tard, quand vous serez tous trois au collège, Charlyse fera plusieurs allers et retours pour prendre chacun d'entre vous en fonction de vos heures de sortie !

D'un commun accord, nous avions établi tous ensemble quelques règles de bon fonctionnement pour cette nouvelle communauté que nous formions. La règle numéro 1, demandait que chacun s'occupe de ses propres affaires plutôt que de celles des autres. Je ne me souviens plus trop des autres règles. Il y avait aussi un tour de corvées, Chaque semaine, l'un d'entre vous était corvéable pour tout dans la maison : mettre et débarrasser le couvert, aller chercher le pain, répondre au téléphone, etc., et vous acceptiez de bonne grâce ces dispositions. Parfois, quand nous avions un problème, nous avions pris l'habitude de le régler en faisant ce que nous appelions une *"réunion de famille"*. Nous nous réunissions tous les cinq pour en parler et nous décidions ensemble de ce que nous devions faire en mettant alors au vote les différentes propositions d'activités ou de vacances. C'était une occasion de se retrouver tous ensemble autour d'un verre.

Rodrigue, tu appréciais beaucoup Charlyse, passant de longs moments dans la cuisine à discuter avec elle sur tous les sujets que tu avais envie d'aborder. Longues discussions au cours desquelles tu montrais une curiosité pour les choses de la vie qui la passionnaient. Nous parlions également beaucoup d'éducation sexuelle, librement : ce sujet n'a jamais été tabou chez nous et l'achat régulier de livres explicatifs destinés à votre tranche d'âge y a beaucoup contribué. Elodie, tu avais beaucoup d'affection aussi pour Charlyse que tu appelais Cha-Cha. Tu aimais aussi lui faire des câlins avec Séverine. N'est-ce pas Charlyse qui t'apprit à faire ta toilette intime, Elodie, car là encore tu n'en savais rien. Vous aussi, vous ressentiez ce bien-être et cette joie de vivre quand vous étiez avec nous. Je me rappelle Elodie, te lovant contre moi et de ton air espiègle me disant : « *Dis, Papa, si on se faisait un caprice ?* », suivant la publicité du moment d'un célèbre fromage.

Charlyse était très heureuse, elle avait enfin la famille qu'elle avait toujours voulu avoir. En plus de sa fille, elle venait de gagner deux autres enfants, dont un garçon, ce qui avait toujours été son rêve et elle aimait un homme qui l'aimait. Elle revivait enfin et rayonnait. Souvent, je la surprenais à chantonner, ce qui ne lui était jamais arrivé auparavant, m'a-t-elle avoué. Quant à moi, j'étais très heureux, comblé : je me retrouvais avec une fille supplémentaire à aimer, Séverine, laquelle ne demandait qu'à vivre en harmonie avec nous et être enfin heureuse, elle aussi. Nous avions une grande famille, nous nous entendions tous très bien. J'avais une jolie femme, pleine de tendresse, d'un très bon niveau intellectuel, très gentille, doublée d'un cordon bleu. Je partageais avec elle ce sentiment d'amour que je n'avais jamais connu auparavant avec tant de réciprocité. Enfin notre vie s'équilibrait et nous allions tous pouvoir repartir d'un bon pied pour mener à bien nos projets tout en rendant votre adolescence la plus heureuse possible.

LES HISTOIRES

Le bonheur des uns a toujours été insupportable pour les imbéciles. Le *"Pourquoi eux et pas moi"* aiguise leur jalousie et, la bêtise aidant, ils en deviennent méchants. Cette superbe impression de bonheur familial que nous vivions allait donc être de courte durée. C'était trop beau et "votre mère" allait se charger de nous faire payer très cher ce bonheur qui lui était incongru et intolérable. L'état de grâce était terminé.

"Votre mère", de la manière la plus sournoise qui soit, commença à vous pousser à la révolte en tentant de vous monter contre Charlyse et Séverine. Petit à petit, elle réussit à vous intoxiquer, à vous manipuler et à vous retourner de telle manière que nous sommes arrivés au point où nous en sommes aujourd'hui. Bien sûr, au début vous avez résisté un peu et vous nous en faisiez part, mais, sournoisement, elle attisait votre jalousie par la manière insistante dont elle vous parlait en permanence de nous, quand elle vous disait : «... *elles ne sont pas chez elles... ou ... Séverine profite de vos affaires quand vous n'êtes pas là..., ... votre père se laisse mener par le bout du nez..., etc.* ». Elle cherchait par là à mettre la zizanie dans notre foyer et se servait de vous à ces fins. Combien de fois vous êtes-vous plaints auprès de nous du harcèlement dont vous étiez l'objet de la part de "votre mère" avec ses questions sur ce qui se passait chez nous, sur Charlyse, sur Séverine ? N'est-ce pas vous qui nous avez répété ces propos ? Et nous, avons-nous posé ne serait-ce qu'une seule question sur ce qui se passait chez elle ? Bien au contraire, nous ne voulions rien savoir car cela ne nous regardait pas. D'ailleurs, quand vous nous en parliez, nous vous interrompions car nous ne voulions pas savoir. Chacun chez soi. Et malheureusement pour vous, vous n'avez entendu qu'un seul son de cloche et avez cru tout ce que cette jalouse malade vous mettait dans la tête, et sans aucune critique objective, sans vous poser une seule question ni me faire confiance en aucune manière, vous avez adhéré comme de bons petits soldats à la guerre qu'elle avait décidé de nous mener pour assouvir sa vengeance et vous l'avez laissée se servir de vous.

Les problèmes avaient déjà commencé chez Ammam, tandis que Séverine n'était pas encore inscrite à Stendhal. "Votre mère" avec votre assistance lui avait déjà préparé une belle carte de visite, à tel point qu'Ammam ne voulait même pas recevoir Séverine. En insistant et en lui demandant une période probatoire, Ammam révisa alors rapidement son point de vue et eut par la suite énormément d'affection pour elle.

Puis, en ce début d'année 1990, un événement important se présenta dans notre vie à tous : un travail important me demandait pour six mois aux Etats-Unis. Fort heureusement, je réussis à boucler le travail que je devais accomplir en moins de deux mois et je rentrais plus tôt que prévu. Mars et avril 1990, deux longs mois pendant lesquels se passèrent plein de choses, ce que tu appelleras plus tard *"les histoires"*, Rodrigue.

Avant mon départ, j'organisais avec "votre mère" votre séjour chez elle pendant toutes ces semaines consécutives et moyennant une confortable compensation financière payée d'avance en dédommagement du temps que vous passeriez chez elle, elle accepta. D'autre part, je dus insister pour que Charlyse accepte de rester pour garder la maison et aussi pour s'occuper de Moka. Tout se présentait bien et je partais confiant.

Bien que toute ma petite famille me manquât beaucoup, mon séjour se déroula parfaitement et le résultat de mon travail fut au delà de toute espérance, ce qui me valut d'être récompensé de manière exceptionnelle par ma direction. Je vous téléphonais tous les deux jours pour prendre de vos nouvelles et vous raconter ce que je faisais et j'avais parfois le plaisir de recevoir un appel de vous. Je pus également profiter de mon temps libre pour faire un peu de tourisme et revins les valises chargées de cadeaux pour vous tous.

Très vite les histoires avaient commencé. Tu attaquas dès ma première semaine d'absence, Rodrigue, en venant chercher ma guitare, tentant de faire croire à Charlyse que j'étais d'accord alors que tu ne m'en avais jamais parlé. D'ailleurs, il n'y avait aucune raison pour que tu la prennes, tu avais la tienne. En fait, sous toute sorte de prétexte, tu venais presque tous les jours à la maison alors que tu n'avais rien à y faire et contre toute logique, c'est "votre mère" qui vous y emmenait. Les clés de la maison étaient disposées dans une cache que vous connaissiez afin que vous puissiez entrer chez nous quand cela vous était nécessaire. Mais là, vous n'aviez aucune raison de venir ainsi, surtout tous les jours. "Votre mère" estimait sans doute tout à fait normal et surtout très économique que tu repartes de chez nous les bras pleins de nos provisions : en effet, apparemment tu ne devais trouver nulle part ailleurs les briques de lait chocolaté dont tu te régalais et sachant que Charlyse en achetait pour vous et les stockait dans le garage, tu venais tout simplement te servir...

Mais, tu venais tous les jours surtout pour surveiller ce qui se passait à la maison et comme "votre mère" vous racontait en permanence que Séverine se servait de vos affaires et que de toutes façons elles n'étaient pas chez elles, elle t'emmenait à la maison et tu devais tout vérifier, t'assurer que rien n'avait bougé ! Un beau jour, Rodrigue, tu m'appelas là-bas en colère : en venant à la maison, en l'absence de Charlyse, tu avais fouillé un peu partout et sur mon bureau tu avais trouvé des cartes de visite que Charlyse s'était faite faire à son nom, avec notre adresse. Tu avais été outré, mais surtout tu avais été très remonté par "votre mère" qui s'était déjà permise, avec son sans-gêne habituel, d'appeler Charlyse au téléphone pour l'engueuler et lui dire ce qu'elle pensait de cette manière de faire, lui dire qu'elle n'était pas chez elle et qu'elle n'avait pas à se faire faire des cartes de visite ainsi à mon adresse ! Mais de quoi se mêlait-elle ? Elle agissait comme si elle vivait encore chez moi, voulant tout diriger et tout régenter ! J'ai personnellement trouvé cette attitude inadmissible. Cela ne m'étonnait pas outre mesure venant de "votre mère", mais de toi, Rodrigue, c'était inacceptable. J'étais tout de même le chef de famille et responsable de ce qui se passait chez moi et "votre mère" n'avait pas à y mettre son grain de sel et encore moins à t'envoyer en éclaireur pour savoir ce qui s'y passait.

Pendant mon absence, "votre mère" appela de nombreuse fois Charlyse qui, pleine de bonne volonté, l'écoutait patiemment et tentait de la rassurer. Apparemment, son principal souci était sa peur de la voir prendre sa place auprès de vous. En effet, elle se rendait compte que vous aimiez bien Charlyse, pleine des qualités que "votre mère" n'avait pas, et que nous étions bien ensemble. Alors, elle alternait les périodes de troubles et d'angoisse où elle se confiait à Charlyse des heures durant au téléphone et les périodes de méchanceté où elle se reprenait pour vous monter la tête. Charlyse n'était pas trop ravie de faire ainsi des heures supplémentaires, mais elle le faisait tout de même sachant que ce serait bénéfique pour vous au second degré. Le travail permanent qu'elle fit à ce moment-là en soutenant moralement "votre mère" et en la rassurant a été incroyable, mais la volonté de nuire de cette dernière l'emportera bientôt.

C'est pendant mon absence, aussi, Rodrigue que tu te permis d'envoyer une lettre complètement délirante à Charlyse où, soudain, tu lui reprochais : « *Quand tu achètes quelque chose à Elodie, à Séverine, moi je n'ai RIEN, RIEN... (neuf fois)* » et tu te permettais même une soi-disant leçon de "politesse". Délirante et agressive, mais aussi mensongère ta lettre ! Mensongère, car tu oubliais tous les habits que

Charlyse t'achetait, tu oubliais le cadeau d'anniversaire qu'elle venait juste de te faire : un casque HI-FI de belle facture. Cette lettre avait été visée par "votre mère" qui n'avait rien trouvé à y redire et l'avait trouvée tout à fait normale. C'était scandaleux !

Puis "votre mère" attaqua brutalement en décidant d'aller s'installer chez sa nouvelle fréquentation et pour ce cas-là nous ne parlerons pas "d'amant" : un triste illuminé, aux cheveux gras et aux mains moites qui gesticulait sans arrêt et que nous appellerons ici le "guignol". Là encore sélectionné par petites annonces, celui-ci habitait Echirolles, à 30 km de Voiron. Les problèmes commençaient car cette décision unilatérale de "votre mère" perturbait fortement l'organisation de votre garde alternée et elle rompait ainsi son engagement d'habiter près de votre scolarité. La semaine où vous étiez avec elle, vous deviez alors vous lever plus tôt, faire les 30 km de voiture à l'aller, sans compter le moins du monde pouvoir rentrer si vous finissiez plus tôt comme vous le faisiez lorsque vous étiez avec nous et que Charlyse venait vous chercher, plus les 30 km retour !

"Votre mère" pensa alors tout naturellement résoudre ce nouveau problème, qu'elle venait seule de créer, en proposant de vous mettre au Collège d'Echirolles, te faisant miroiter, Elodie, l'inexistant

"Sport-Etudes natation". Ainsi, elle n'aurait plus à vous faire faire 60 km par jour, CQFD ! Son égoïsme sans pareil ne lui permettait pas de penser le moins du monde au fait que ce serait avec moi que vous devriez faire le trajet en sens inverse et que vous en seriez tout autant perturbés ! Ce déménagement rendait alors impossible tes entraînements de natation, Elodie, au grand désespoir de ton entraîneur David, car il n'était absolument pas question pour "votre mère" de faire un aller et retour supplémentaire. Vous comprenez, au prix où est l'essence ! Alors, vous avez dû arrêter Rodrigue la guitare à la MJC, Elodie la natation, puis le violoncelle. J'ai pourtant fait le maximum pour vous pousser à continuer, pour tenter de vous faire prendre durant ma semaine les cours que vous ne preniez pas durant l'autre semaine où vous étiez avec elle. J'insistai également pour que tu emmènes ton violoncelle avec toi, Elodie, afin que tu fasses au moins tes exercices chez "votre mère". Peine perdue, avec les « Y-en a marre de ce violoncelle ! » et sa mauvaise volonté évidente pour l'installer dans la voiture, la partie était perdue d'avance. Tu arrêtas définitivement le violoncelle, décevant grandement ton professeur, Monsieur REYNAUD. Pour la natation, là aussi elle poussa au maximum et tu arrêtas les entraînements, te faisant énormément régresser.

Dans un petit sursaut de lucidité, "votre mère" se

rendit soudain compte de la perturbation que cette distance occasionnait pour vous et elle se mit alors en tête, sans nous en parler et avec son sans-gêne habituel, de nous faire venir habiter à Echirolles. Elle commença même, avec son guignol, à visiter des maisons pour nous ! Comme nous n'avions pas du tout envie d'aller habiter dans cette banlieue populaire et communiste puisque notre vie était à Voiron, elle réussit à vous faire croire que c'était donc de notre faute, à Charlyse et à moi, si vous deviez faire 60 km par jour... Un comble !

Il est certain que vous montriez à cette époque des signes de perturbations intenses et nous pensions, Charlyse et moi qu'avec un peu de temps, beaucoup de patience et d'amour, cela s'arrangerait car tout reviendrait dans l'ordre et que vous vous feriez tout doucement à votre nouvelle vie. Nous n'avons pas prêté suffisamment attention à tous les signes que vous montriez alors et malheureusement, nous nous sommes faits débordés. Il est certain aussi que nous ne pouvions imaginer alors combien grande était la perversion de cette soi-disant "mère" et que nous ne nous sommes pas tout de suite rendus compte de l'importance de la manipulation dont vous étiez l'objet. Nous essayions pourtant, quand vous étiez avec nous, de contrebalancer votre adolescence par des attentions qui vous étaient personnelles et un équilibre affectif qui vous faisait apparemment défaut. Il nous fallait sans cesse être à votre écoute et tenter de contrecarrer les propos néfastes que vous entendiez là-bas par des faits concrets et objectifs qui auraient dû contribuer à vous remettre sur la bonne voie.

Et puis, tout doucement, suivant par là les bons conseils de "votre mère", vous avez essayé de nous monter les uns contre les autres, de couper cette famille en deux, les FERS d'un côté, les SURRO de l'autre, me mettant systématiquement en porte-à-faux devant Charlyse et Séverine, dans le seul but de faire plaisir à "votre mère". Rodrigue, tu te plaignais sans arrêt de Séverine, il y avait toujours quelque chose qui ne te plaisait pas : c'était son échelle qui, paraît-il, grinçait, son piano qui t'empêchait de gratter ta guitare, alors que pour l'embêter, tu te mettais derrière la porte en grattant le plus fort possible au lieu de t'enfermer dans ta chambre. Ce pouvait être même les tubes de dentifrice en surnombre, ou le bruit. Tout était bon.

Puis il y eut plein de petites choses, qui nous rendirent la vie difficile. Par exemple, comme Charlyse t'avait promis de te donner, quand il serait vide, le flacon de parfum que tu convoitais, Rodrigue, tu as trouvé plus rapide de le vider complètement dans le lavabo ! Il y eut l'épisode de ton premier soutien-gorge, Elodie, que t'avait donné Charlyse pour t'encourager à devenir une vraie jeune fille et que "votre mère" mit immédiatement à la poubelle dès qu'elle le vit. Puis, ce furent les traces de doigts souillés sur les murs de WC, les rouleaux vides de papier cachés derrière la lunette, puis les objets qui disparaissaient, etc.

Il y avait aussi les incursions permanentes que "votre mère" faisait dans notre vie de tous les jours, se mêlant de tout ce que nous faisions, donnant son avis alors que nous ne le lui demandions pas. Vous lui racontiez en détail tout ce que nous faisions ou vous faisiez chez nous et celle-ci se permettait ensuite de nous faire des reproches ou de nous faire la morale. L'exemple le plus flagrant fut l'affaire dite de la *"salade de méduse"*. Charlyse avait confectionné, comme elle sait si bien le faire, une petite salade, disposée dans des coupes individuelles, composée de verdure, d'un peu de crevettes, d'avocat, d'herbes et de quelque chose qui avec la vinaigrette avait un drôle d'aspect à première vue mais qui donnait à cette composition toute sa saveur, indéfinissable. Ne voyant pas ce que cela pouvait être, Rodrigue tu posas la question et, pleine d'humour, Charlyse te répondit qu'il s'agissait d'une *"salade de méduse"*. Un peu étonnés, et on le serait à moins, vous avez trouvé cela absolument délicieux et ça l'était réellement. Mais "votre mère" ne le prit pas comme ça ! Elle téléphona immédiatement et Charlyse est passée par tous les noms, "votre mère" lui expliquant que c'était inadmissible de donner de la "méduse" à ses enfants, etc. Nous, ça nous faisait rire de voir une telle bêtise affichée ainsi sans complexe ni retenue, nous qui savions que ce quelque chose qu'on vous avait dit être de la méduse, n'était autre que du pamplemousse rose égrainé... Elle s'en était même plainte auprès du juge auquel j'avais donné la recette ! Décidément, la bêtise n'a vraiment pas de limites !

Vous lui racontiez en fait tout en détail, tout ce que nous faisions ou disions était rapporté et disséqué là-bas. Nos sorties, nos amis, nos repas étaient ainsi analysés et commentés, tout comme les menus et les buffets américains qu'elle nous reprochera par la suite, et dans son délire, elle nous reprochera même de vous priver de nourriture ! Et pourtant, que de fois vous avons-nous mis en garde et priés de ne plus raconter ce qui se passait chez nous ? Mais c'était plus fort que vous, vous preniez un malin plaisir à entrer dans le jeu de "votre mère". Pour entretenir ce malaise, il vous arrivait même de sortir la nuit pour aller téléphoner en cachette à "votre mère" de la cabine, près de la nationale !

Bien que tu lui fisses pas mal de vacheries, Rodrigue, tu t'entendais bien avec Séverine qui te pardonnait toujours ce que tu lui faisais. Que de fois, l'as-tu réveillée pour lui dire : « *Séverine, Séverine, viens vite voir, les parents niquent !* ». Quelle élégance ! Il est certain que comme tout ado, ces choses-là t'intéressaient, et nous en parlions souvent, mais tu avais besoin de t'exprimer sur le sujet et ce n'était pas chez "votre mère" que tu le pouvais de la sorte ! Elodie, à ce moment-là tu t'entendais très bien avec Séverine et bien mieux qu'avec la chouchou du guignol. Quand il n'y avait pas école le lendemain, vous vous faisiez des invitations réciproques pour dormir ensemble et vous vous considéreriez comme des sœurs, ce qui nous amusait beaucoup, tant l'une était brune, tant l'autre était blonde... Mais j'entends encore "votre mère" vous dire au téléphone : « *Ce n'est pas vrai, vous n'êtes pas sœurs !* ». En quoi cela la dérangeait-elle, si cela vous faisait plaisir ? Mais comme cela rendait Séverine tellement heureuse d'avoir une famille, il fallait tout détruire... Cela ne vous empêchait pourtant pas de faire très régulièrement des spectacles et des boums ensemble.

C'était le lundi que "votre mère" amenait et reprenait vos affaires après l'école. Un beau jour, Charlyse avait fait un détour par la pharmacie et "votre mère" a dû attendre un peu ce qu'apparemment, elle ne supporta pas. Quand Charlyse est arrivée, "votre mère" s'est mise à l'insulter en pleine rue, de manière inqualifiable et inadmissible. Charlyse fut toute retournée devant tant d'agressivité et de vulgarité.

Pourtant, nous ne répondions pas à son agressivité, bien au contraire. Quand "votre mère" me demanda de réparer un jouet électronique appartenant à la chouchou du guignol, je le fis sans hésiter. Quand "votre mère" se trouva un jour coincée sur le parking de Continent, car elle avait fermé sa voiture avec les clés dedans, c'est moi qu'elle appela à son secours pour en ouvrir les portes et je dus me déplacer spécialement pour cela.

Mais les problèmes, vous les avez subis vous aussi de manière curieuse et détournée. Je me souviens de la honte que vous éprouviez quand "votre mère" vous attendait à la sortie du collège et qu'à votre vue, elle vous appelait, sans même se rendre compte que tous les copains entendaient : « *Roudoudou Chouchou, mon Roudoudou, maman est là !*». Puis, c'était « *ma nénette, ma greluche....*», On se serait cru à la sortie d'une maternelle ! Ce fut à tel point que tout le collège t'appelait désormais "*Roudoudou Chouchou*", Rodrigue. La honte ! Du coup, "votre mère" ne venait plus vous chercher devant le collège, comme tous les parents, mais venait vous prendre derrière le collège, comme une voleuse, ce qui devait vous arranger car ainsi vous ne rencontriez plus Charlyse que n'aviez plus à saluer.

Par la suite, c'est moi que vous éviterez de la sorte, tournant même la tête faisant semblant de ne pas me voir...

NOTRE MARIAGE

Malgré toutes les difficultés que nous avions rencontrées jusqu'ici, malgré tous les problèmes que vous vous posiez sans arrêt, nous eûmes la surprise, un beau soir d'automne, de vous voir arriver tous les trois pour nous demander une sorte de faveur : c'est toi, Rodrigue, qui fus le porte-parole du trio. Le souhait que tous trois vous formuliez fut que, Charlyse et moi, nous nous marions.

Depuis les violents démêlés que j'avais eu avec "votre mère", je ne désirai plus me marier de nouveau. Nous en avions déjà parlé à plusieurs reprises, Charlyse et moi et nous partagions le même point de vue. Ayant subi le même type de situation, Charlyse ne désirait pas non plus de nouvelle expérience. Mais par contre, le fait que ce soit vous trois qui nous le demandiez changeait les données du problème et cela méritait que nous y réfléchissions.

De réflexions en réflexions, nous avons pensé, Charlyse et moi, que ce serait une bonne chose pour notre famille de régulariser notre situation. Cela devait, tout au moins, permettre à chacun d'entre nous de se positionner et de former réellement la famille dont nous rêvions tous.

Avant Noël nous prîmes notre décision : ce serait pour le début juillet 1991, le 13 exactement. Dès lors, Charlyse et moi nous activions pour que tout soit réussi et prêt à temps. Nous ne voulions pas nous permettre d'improvisation et tout devait être parfait.

Nous avons tout d'abord réalisé un logo, deux tourterelles se joignant de face, puis avons façonné les faire-part qui furent envoyés très tôt afin d'être sûr que chaque invité soit de la fête. Différents faire-part furent préparés : le premier faisait part du mariage sans invitation (c'est ainsi que nous fîmes part à Monsieur le Président de la République, Monsieur François MITTERAND, qui nous fit l'honneur de nous répondre personnellement). Le second invitait nos voisins et amis à un vin d'honneur (plus de 200 personnes furent ainsi conviées, dont Monsieur le Député-Maire, Monsieur Michel HANNOUN, qui nous fit l'honneur de sa courte présence...). Dans un but d'apaisement, nous y avions également invité "votre mère" ainsi que son guignol mais ceux-ci n'eurent même pas l'élémentaire politesse de décliner cette invitation ni même de s'excuser. Enfin, nos proches amis et la famille étaient conviés au repas et à la fête.

Il fut prévu également que tous trois vous y participiez mais pour éviter tout malentendu et tout litige, chacun n'avait droit d'inviter qu'un(e) camarade et un(e) seul(e). Tout de suite, Séverine annonça son intention d'inviter Marie, sa copine de cheval et Rodrigue ton copain Alexandre, que nous avions rencontré avec sa maman à Korba. Elodie, tu n'étais pas bien décidée et tu invitas maladroitement et au dernier moment ta camarade LOCATELLO, dont les parents ne comprirent pas à quel titre elle était invitée au mariage de ton père.

Charlyse se préparait déjà depuis longtemps à cette fête, cuisinant et plaçant au congélateur des kilos de petits fours qu'elle préparait comme toujours avec amour, se décarcassant pour avoir prêts à temps les différents plats qui orneraient la table de notre vin d'honneur.

C'est aussi Charlyse qui s'occupa de l'habillement de chacun : les filles, vous étiez toutes deux vêtues d'une très jolie robe blanche et coiffées d'un délicieux chapeau qui vous allait à ravir ; Rodrigue, veste bleue et cravate rouge, tu étais très élégant. Charlyse avait choisi pour elle un ensemble de soie d'un ton bleu pastel vraiment très joli, et j'étais habillé par Ted Lapidus, costume vert pastel. J'avais accepté de porter la cravate uniquement parce qu'elle était du même tissu que la robe de la mariée. Mais le fin du fin fut la petite touche fleurie qu'avait voulue Charlyse et qui décorait la toilette de chacun : les filles vous aviez une belle broche en fleurs naturelles, Rodrigue un joli médaillon à la boutonnière, qui faisait ressortir ton sourire. Charlyse avait un magnifique bouquet installé en bandoulière sur l'épaule gauche et j'avais un gros bouquet rappelant celui de Charlyse à la pochette. L'ensemble était vraiment très joli, de bon goût et très original.

Le Samedi 13 juillet 1991 fut une date qui restera longtemps dans nos cœurs. En cette magnifique journée du début de l'été, Charlyse et moi unîmes nos destinées, avec la ferme intention de réussir cette union contre vents et marées. Nous savions que ce ne serait pas facile, votre attitude des derniers temps devenant de plus en plus préoccupante. Nous restions cependant très optimistes.

Tout le monde nous attendait déjà à la Mairie quand nous arrivâmes. Là, je fus présenté pour la première fois à la famille de Charlyse, son père, ses oncles et tantes, son cousin Gilles, tous extraordinaires de gentillesse. Mais j'eus également le bonheur de revoir mon oncle Jean, que j'avais perdu de vue depuis plus de 30 ans. Je fus également très fier de lui présenter Charlyse ainsi que toute ma petite famille.

Nous eûmes la surprise de voir que l'officier d'Etat-Civil n'était autre que mon amie Claude BLAMARD, Présidente de l'OMS de Voiron (Office Municipal des Sports) auquel j'adhérais en tant que Président du Club de Natation de Voiron. A notre demande, et puisque vous aviez souhaité être témoins, elle fit procéder, à une signature globale de nos témoins (majeurs) et des témoins (mineurs) que vous étiez ce qui est exceptionnel. C'est avec une certaine fierté tentée de solennité que chacun de vous trois avez signé cet acte de mariage, assumant ainsi votre part de responsabilité dans cette union que Charlyse et moi venions de contracter.

La cérémonie se déroula avec beaucoup d'émotion, un peu perturbée par les cloches de l'église célébrant le mariage précédant ainsi que par la chaleur excessive de ce début juillet.

Ce fut un très beau mariage. Nous avions choisi pour le repas du soir, après vous avoir demandé votre avis, L'Auberge Fleurie de Saint-Etienne-de-Crossey pour son calme, et la sécurité de son environnement et bien sûr le rapport qualité-prix. Charlyse, comme à l'accoutumée, avait été parfaite. De beaux cadeaux, des fleurs magnifiques partout, plein de gens sympas au vin d'honneur, une soirée empreinte de joie et d'émotion.

Joie lorsque nous y offrions l'apéritif par un champagne à notre nom. Emotion lorsque Charlyse, pour remercier tout le monde, tenta un discours improvisé auquel je répondis, aussi maladroitement.

Emotion également de voir chacun de nos trois enfants participer, à leur manière, en présentant à leur tour un spectacle de leur choix : Séverine déployant sa grâce naturelle dans un show de danse très réussi. Rodrigue, tu avais choisi spécialement pour Charlyse, une chanson de Didier BARBELIVIEN, "Elle", car tu savais qu'elle aimait particulièrement cette chanson et tu lui as fait un immense plaisir quand tu l'interprétas ainsi en t'accompagnant à la guitare. Elodie, après t'être fâchée avec Séverine et avoir refusé un spectacle commun de danse comme vous saviez si bien le faire ensemble, tu avais décidé de ne rien faire, mais au dernier moment, tu nous fis la surprise de nous déclamer ta dernière récitation. Ce petit intermède fut bien apprécié par tous. Chacun de vous trois montrait ainsi à la face du monde combien vous étiez solidaires de notre décision de nous unir. Charlyse et moi reçûmes le message ainsi et malgré les problèmes que nous avions connus précédemment, cela nous ouvrait d'autres espoirs. Nous étions très fiers de vous trois et très heureux.

Joie et émotion enfin, lorsque Maître MOLLARD de l'Auberge Fleurie apporta le dessert, cette magnifique composition de pâtisserie, sur trois étages, agrémentée de touches qui nous étaient très personnelles, le tout soutenu par une musique adéquate. Ce fut un grand moment de cette magnifique soirée.

La seule fausse note fut l'arrivée des pompiers que des plaisantins de très mauvais goût, et nous avons malheureusement l'impression de très bien les connaître, suivez mon regard, avaient trouvé très intelligent de faire déplacer pour rien. Enfin, pas tout à fait car nous les invitâmes à prendre un verre à la santé des mariés...

Le lendemain, notre porte était ouverte aux survivants et nous reçûmes presque tout le monde pour un barbecue à la maison dans une ambiance extraordinaire et une chaleur torride. La fête continua tout l'après-midi avec quelques jeux et bains (parfois tout habillés) dans la piscine et se poursuivit même tard dans la soirée, avec quelques irréductibles, parmi lesquels Jean-Marc BROME et Gilles JOLIET qui, vers deux heures du matin, nous préparèrent la soupe à l'oignon à leur manière...

Passons sur l'épisode des séances de photos que

nous fûmes obligés de refaire trois ou quatre jours plus tard ainsi que les bouquets des toilettes car nous n'apparaissions ensemble sur aucune photo malgré le nombre de boîtiers de pellicule distribués au tout début, mais rappelons que chaque invité ou chaque personne ayant fait un geste pour nous à cette occasion, reçut en remerciement, outre la photo officielle, un pin's numéroté, souvenir de notre mariage, avec notre logo et l'inscription : « *Charlyse et Jean-Paul 13 juillet 1991* ». Précisons également que Charlyse reçut le numéro 1, j'eus le numéro 2 et que vous eûtes les trois numéros suivants. Enfin, l'attribution des numéros de pin's pour tout le monde se fit de manière totalement aléatoire.

La semaine qui suivit, nous nous envolions tous les cinq vers deux semaines de vacances méritées aux Baléares, à Calla Mesquida. Deux semaines sympas, sans plus, mais nous étions contents de participer à notre manière à la vie de ce club de vacances en nous produisant, chacun, sur scène au cours d'une des soirées. Je me souviens particulièrement du spectacle de danse extrêmement gracieux que vous aviez exécuté Séverine et toi, Elodie ainsi que de ton ascension à la tour du Diable, Rodrigue.

C'est la dernière semaine d'août que nous avions choisi pour faire notre voyage de noces, une croisière en Méditerranée pendant que vous étiez chez "votre mère". Rodrigue ne comprenait d'ailleurs pas pourquoi il ne pouvait pas nous accompagner ! Une semaine de bonheur intense, ponctuée de visites touristiques, de journées en mer et de soleil. Partis de Saint-Tropez, nous faisions escale à Barcelone, Palma de Majorque, Palerme, Naples, Gênes et retour sur Saint-Tropez. Nous avions même eu l'honneur extrême, en tant que jeunes mariés, d'être invités à la table du Commandant, ce dont nous fûmes très fiers. A chaque escale, nous vous avons envoyé une carte postale. Charlyse tenait un journal de bord et à notre retour, je l'ai édité sous forme de livre. Chacun d'entre vous en avez reçu une copie gentiment dédicacée par son auteur.

Puis l'été faisait place à la rentrée scolaire et son lot de difficultés, mais nous étions bien loin d'imaginer à ce moment-là le calvaire que nous allions alors subir.

NOTRE PREMIÈRE ANNÉE DE MARIAGE

Les festivités estivales s'éloignaient, il fallait désormais se remettre au travail et penser à la rentrée. Les filles vous rentriez en 6°, dans la même classe du Collège André Malraux et ça devenait important, pour Rodrigue, c'était la 4°.

Cette année scolaire fut difficile pour tout le monde. Déjà, dès votre retour de vacances de chez "votre mère", vous étiez différents et très agressifs. Nous avions beaucoup de mal à vous calmer. Cette agressivité se traduisait surtout à l'école contre Séverine au cours des semaines où vous étiez chez "votre mère". Elodie, tu essayais de monter tes camarades de classe contre Séverine : tu allais leur dire, par exemple, que Séverine avait dit ceci ou cela sur eux et cela suffisait pour qu'ils (elles) lui tournent le dos ou l'agressent. Oh, bien sûr, cela ne s'est pas fait en un jour, mais par touches successives, un peu chaque jour, sournoisement. Rodrigue, tu ne laissais pas non plus ta part au chat. Tu as largement participé à la mise en quarantaine dont a été victime Séverine cette année-là en faisant passer bon nombre de rumeurs sur son compte. Que de fois des copains de ta classe sont-ils venus la voir pour lui dire qu'elle était une "pute" ! Par contre, rien ne se produisait les semaines où vous étiez avec nous.

Nous avions beau en discuter avec vous, vous aviez beau nous promettre de ne pas recommencer, rien n'y faisait. Votre différence d'attitude entre votre présence chez nous et chez "votre mère" était si flagrante qu'il est absolument impossible de croire un instant qu'elle n'était pour rien dans cette situation. D'ailleurs, ce que fit "votre mère" par la suite, montre bien qu'elle était derrière tout ça, omniprésente à tirer les ficelles, mais nous en parlerons un peu plus loin.

C'en était à tel point que, tous les dimanches soirs où tu étais avec nous, c'est-à-dire la veille de retourner chez "votre mère", Rodrigue, tu ne pouvais pas dormir et tu étais excessivement perturbé. Cette perturbation venait du fait que tu ne savais plus très bien où tu en étais, ne recevant pas le même message de notre part que celui que tu recevais là-bas. Inconsciemment tu te rendais compte que "votre mère" vous manipulait et vous intoxiquait et tu tentais de résister du plus fort que tu pouvais, à ta manière, mais parfois cela te submergeait et tu reprenais son combat à ton compte. En effet, ce message était différent car nous ne cherchions qu'à apaiser les choses, et à faire en sorte que vous passiez cette semaine avec nous le plus agréablement possible. Par contre, nous ne pouvions pas non plus laisser passer votre attitude, ni vous laisser continuer à agir en persécutant Séverine comme vous le faisiez si insidieusement quand vous étiez à l'école, la semaine de "votre mère". Alors, à ta manière, Rodrigue, tu nous criais ton désespoir de ne pouvoir dormir et tu étais très anxieux. Souvent, nous étions alors obligés de te recevoir dans notre lit, de te faire des câlins, de te parler doucement, de te rassurer pour qu'enfin tu trouves le sommeil à côté de nous deux...

Cette mécanique se déroula pendant les trois derniers mois de cette année 1991. Cela m'inquiétait fort et c'est surtout le fait que ce soit systématique le dimanche soir qui était inquiétant. Tu semblais, Rodrigue, lutter contre un démon qui te reprenais chaque fois tu savais devoir retourner chez "votre mère". Pour t'aider, puisque tu avais des difficultés à t'exprimer, à exprimer ce qui se passait en toi et à comprendre, je me suis renseigné pour connaître le meilleur spécialiste qui aurait pu t'aider à y voir plus clair. C'est ainsi que deux médecins différents me conseillèrent le Docteur CACCIALI.

Malheureusement, les séances que tu eus avec lui furent sciemment torpillées dès le départ par "votre mère" qui te disait en permanence que tu n'avais rien à faire chez ce médecin parce que tu n'étais pas "fou" et donc que tu n'en avais pas besoin. Là où cela devint grave, c'est que tu as cru en ce discours... Puis, soudain, ces problèmes de sommeil du dimanche soir t'ont passé ; tu as semblé résigné, tu as baissé les bras, arrêté de lutter contre ta conscience et tu as accepté le fait : tu avais alors choisi ton camp. Tout dans ton attitude le laissait désormais transparaître et tu ne t'en cachais même pas. "Votre mère" avait gagné, tu étais mûr à point et tu allais devenir son instrument.

Par contre, Elodie, tu ne semblais pas avoir d'états d'âme. Tu faisais ce qu'on te disait, gentiment, mais tu faisais tes petits coups en douce, ni vue, ni connue. Tu te faisais également souvent remettre en place par ton frère par des « *Tais-toi, Elodie, rappelle-toi ce que Maman a dit* ». Ainsi, "votre mère" se servait-elle de toi Rodrigue pour veiller à ce que ses consignes soient bien appliquées chez nous par ta sœur ! Et pourtant Elodie, combien de fois ne t'ai-je mise en garde contre le fait que ton frère se servait de toi ! Combien de fois t'a-t-il utilisée, rabaissée, brimée, maltraitée ? Combien de fois nous as-tu dit que chez "votre mère", il te battait et que celle-ci lui donnait toujours raison ? Alors ? Je ne comprends pas comment, toi aussi, tu as pu tomber dans ce piège !

Dans le même temps, nous constations des vols à la maison. D'abord ce fut les pièces de monnaie, petites amendes que nous payions en cas de gros mots, par exemple, que nous mettions dans le petit cochon, qui disparurent. Rodrigue, tu accusas toutes les copines de Séverine qui passaient à la maison quand ça n'était pas les filles elles-mêmes, mais nous étions sûr que c'était toi, sans bien sûr pouvoir le prouver. Puis, ce fut le tour de l'argent de poche de Séverine. Enfin, certains bijoux de Charlyse disparaissaient et nous ne les avons jamais retrouvés, telle sa broche panthère, Charlyse vous ayant dit qu'elle l'aimait beaucoup.

C'est à peu près cette époque que tu choisis, Rodrigue, pour envoyer ta lettre anonyme. Tu y disais : « *Chère Séverine, je te rembourserai 110 F le 1° janvier* ». Il nous fut alors très facile de trouver l'auteur cette lettre : d'abord, elle était postée d'Echirolles, ce qui n'était pas très malin et d'autre part les restes des découpages que tu avais fait dans Télé 7 Jours se trouvaient encore dans ta poubelle de chambre ce qui n'était vraiment pas malin du tout. En effet, depuis quelques temps, tu nous avais demandé de te garder ce magazine, même dépassé, ce que nous faisions volontiers. Cela faisait longtemps que tu préméditais ce coup-là et peut-être fut-ce pour toi une manière de te libérer du poids qui t'oppressait. Ainsi, tu t'accusais "anonymement" des vols qui avaient été commis à la maison. Par contre, une lettre anonyme était un acte grave et nous devions prendre des sanctions. Tu serais donc privé de télévision pour un mois, sanction qui était très légère eu égard à la faute. Aussi, afin que "votre mère" soit impliquée dans ces sanctions, nous la fîmes venir pour parler de ce problème et lui demander son appui. Quelle ne fut pas notre stupéfaction de l'entendre dire : « *Si Rodrigue a fait ça, c'est qu'il y était obligé !* ». C'était incroyable ! Non seulement elle trouvait cela normal, mais encore elle te trouvait des excuses et cautionnait ton attitude ! Quand nous réclamâmes des excuses, "votre mère" déclara : « *Chez nous, on ne s'excuse pas !* » (sic). Il va sans dire que la sanction n'a jamais été appliquée là-bas et Rodrigue, tu t'en es même vanté !

Tu n'acceptais pas de te faire réprimander pour les fautes que pourtant tu commettais, Rodrigue. Aussi te vengeais-tu à ta manière. Charlyse venait te chercher à la sortie de l'école, alors tu abîmas la garniture intérieure de sa voiture. Cette fois-ci, nous ne passerions pas et avec mon accord, Charlyse te présenta la note de réparation. A notre grand étonnement, tu payas cash les 345 francs, sans protester, mais sans non plus un seul mot de regret ni d'excuse ! Et pourtant, vois-tu, si tu avais fait un petit geste, dit un seul petit mot de regret ou d'excuse, Charlyse aurait passé l'éponge et t'en aurait fait cadeau ! Mais comme disait si bien "votre mère", « *Chez nous on ne s'excuse pas !* ».

Et puis, Elodie, tu décidas de fêter ton anniversaire chez "votre mère". Tu invitas donc toutes tes copines de classe, mais il ne fallait surtout pas en parler à Séverine car bien sûr, elle n'était pas invitée ! Elles avaient ordre de ne pas parler de cette invitation devant toi. Cette attitude me scandalisa profondément. Sachant d'où venait le coup, je ne voulus pas en parler avec "votre mère". Je pris donc contact avec le guignol, que je pensais plus correct, tout au moins plus intelligent, pour parler de cette ignominie. Cet imbécile crut alors bon de me faire une leçon de morale sur l'éducation de mes propres enfants ! Même si Séverine ne voulait pas aller à cet anniversaire et je la comprenais, je trouvais dégueulasse qu'elle n'y soit pas invitée et de quelle manière !

Après moult tractations, le guignol me rappela au bureau pour me préciser que Séverine pourrait venir. Mais tu vois, Elodie, cette crasse que tu fis à Séverine à la demande de "votre mère" ne t'as rien rapporté du tout : ton anniversaire fut complètement raté car peu de tes copines sont venues et comme vous aviez fait l'anniversaire du chouchou du guignol en même temps, il ne fallait pas mélanger. Les grands étaient en haut, les petits en bas et "votre mère", comme à son habitude, se mettait à gueuler sans arrêt dès que l'un des petits montait ou que l'un des grands descendait... Il y a eu des disputes, plein d'histoires et ce n'était pas sympa du tout. Tant pis.

Et pourtant, que ne continuions donc pas de faire pour vous ? Vous aviez bien vite oublié cette année-là les séances de cinéma, le bowling, le ski, les restaurants, ce week-end surprise de trois jours en Camargue, ce dernier Noël où vous fûtes pourtant tant gâtés, cette belle journée en chiens de traîneaux, les Jeux Olympiques d'Albertville...

Pour ces jeux, nous avait rejoint une amie d'enfance, Claude BEUCLER que je n'avais pas revue depuis 40 ans et qui nous a fait l'amitié de se joindre à nous pendant quelques jours et pour les jeux. Mais qu'est-ce que vous lui en avez raconté ! Séverine et Charlyse étaient à la fête à tel point que Claude m'aurait même reproché d'être un père indigne, si je n'y avais mis le holà à vos racontars et remis les choses à leur place !

Mais tout ce que nous faisions paraissait normal et n'avait plus aucune importance dès lors qu'il fallait entrer dans le jeu malsain de "votre mère". Alors, les problèmes recommençaient, redoublaient, que ce soit à l'école ou à la maison où l'ambiance devenait exécrable. Toutes vos réflexions et vos actions étaient dirigées contre Charlyse, mais pour y arriver, vous vous en preniez à Séverine. On sentait la hargne de "votre mère" derrière chacun de vos gestes. Je me souviens d'un de ses coups de fil : elle appelait d'ailleurs très souvent pour passer les consignes. Elle te disait, Rodrigue : « *Ne te laisse pas faire, vous n'êtes pas une famille, ne lui obéis pas, elle n'a rien à te dire, fais comme si elle n'était pas là, quand on veut, on peut, soyez forts, n'oublie pas ce que je t'ai dit...* », etc. Afin que tu n'oublies pas ces importantes recommandations, elle te les avait même enregistrées sur cassette, que tu écoutais religieusement tous les soirs avant de t'endormir ! Tu avais aussi ta liste de recommandations que tu récitais en litanies, de manière sectaire, comme un automate dès qu'on te disait quelque chose. Toutes ces litanies me faisaient penser aux adeptes de la méthode COUÉ, tel celui qui debout sur le rebord de sa fenêtre répète : « *Je vais voler, je vais voler, je vole, je vole...* » et qui s'élance en battant des bras. En effet, ce n'est pas en se rabâchant des phrases toutes faites que les choses changent. Pendant les jours de vacances que vous passiez avec nous, elle vous écrivait toujours : dans ces écrits, elle vous remémorait ses consignes. Telles ces cartes postales complètement infantilisantes de petits chats et de petits chiens-chiens que vous m'aviez autorisées à montrer au juge où elle te disait, « *Elodie :...pense bien à ce que je t'ai dit. Il faut que tu sois forte. N'oublie jamais* (souligné) *que rien n'est impossible quand on veut... » et à toi Rodrigue : «...N'oublie pas ce que je t'ai dit : quand on veut on peut et surtout ne baisse pas les bras. Un jour la sérénité reviendra. Pense bien à toutes ces phrases positives que je t'ai apprises... ».*

Toute cette manipulation continuelle dont vous étiez l'objet me faisait penser à celle que subissent les membres d'une secte. Ici, les deux membres que vous étiez étaient complètement déconnectés de la réalité et ne pensaient qu'à travers leur "gourou" qui leur ressassait en permanence des phrases ésotériques toutes faites qu'ils devaient apprendre par cœur et appliquer à la lettre, méthode de persuasion bien connue. *Bientôt la sérénité reviendra !* Vous étiez alors complètement phagocytés et je me sentais impuissant devant une telle volonté de nuire. Non seulement vous étiez entièrement pris par le système de "votre mère", mais, en plus, vous en rajoutiez pour entrer dans son jeu malsain !

Elodie, avec ton air angélique et certainement convaincant, tu n'étais pas la dernière. Avec tout ce que vous avez pu raconter, rajouter, déformer, inventer, il vous fut très facile de vous faire passer pour des enfants martyrs auprès de gens crédules, tels vos grands-parents mais surtout auprès de "votre mère" qui ne demandait que cela et qui, préparant sa vengeance depuis longtemps, voyait porter les fruits de son travail de sape quotidien !

LE GUIGNOL

Il n'y a de pire que les imbéciles qui se prennent pour des intelligents ! Le guignol fait partie de ce genre d'individu, imbu de lui-même et fier de son petit niveau.

Au tout début, ne le connaissant pas, j'avais cru qu'il parviendrait à remettre "votre mère" sur les rails et à la stabiliser. En effet, l'état instable de cette dernière me faisait craindre des conséquences pour vous deux. Mais très vite le guignol bascula dans le soutien des délires de "votre mère" et devint lui aussi son petit soldat. Comme tous les autres, elle l'avait recruté dans les petites annonces du 38 et n'étant pas un enragé de la braguette, il convenait parfaitement à "votre mère". Par contre, il devait trouver très pratique d'avoir à demeure une femme de ménage, une cuisinière, une bonne à tout faire ! Il fallut alors très peu de temps à celle-ci pour décider de quitter son emploi et de déménager à Echirolles pour se mettre à la colle avec lui, en déni complet de nos accords et sans penser une seconde aux inconvénients que cette situation pourrait provoquer dans votre vie à tous les deux.

Ils avaient pourtant très vite trouvé la solution à ce problème qu'il venait de créer : il suffisait que Charlyse et moi nous habitions à Echirolles et il n'y aurait plus de problème ! Il y avait un collège tout à côté, un nouveau lycée, que demander de mieux ! Comble du sans-gêne, ils avaient déjà visité des maisons pour nous ! Notre vie étant à Voiron, il n'était pas question pour nous de déménager dans ce coin-là. Quitte à changer de lieu de résidence, ce n'est sûrement pas à Echirolles que nous aurions aimé nous installer. Du coup, on vous expliqua que si vous deviez faire la route le matin pour aller à l'école, c'était de notre faute... C'était tout simple.

Au début, vous avez accepté ce personnage avec "votre mère". Rodrigue, tu trouvais qu'il avait de "l'humour". En fait, en guise d'humour, il vous racontait des histoires, toujours en dessous de la ceinture, celles de Toto avec pipi-caca, à hurler de rire. D'ailleurs, à cette époque, le fait de prononcer le mot "zizi" vous faisait rire aux éclats. Le grand humour de ce monsieur consistait aussi à remettre à mon fils Rodrigue une copie de sa *"carte officielle de CON"*, avec en entête la phrase qui lui va comme un gant : « *Il ne suffit pas d'être un CON, il faut être fier de l'être* ». Quelle honte ! C'est donc ainsi que ce « *fier-d'être-con* » te considérait Rodrigue !

Puis, l'ambiance changea. Animés par la jalousie, vous ne supportiez pas que celui-ci gâte sa fille que vous appeliez la « *chouchou à son Papa* », à qui vous faisiez toutes les misères du monde. Ce que vous racontiez de ce que vous lui faisiez subir à ce moment-là aurait dû nous laisser présumer ce que vous alliez faire à Séverine par la suite.

L'ambiance devait être exécrable là-bas, puisque Rodrigue, tu ne supportais pas les crises d'autorité de ce guignol. Par deux fois, tu m'appelas à la maison pour me demander de venir te chercher car tu ne voulais plus vivre là-bas ! Par deux fois, j'ai dû discuter un long moment pour te calmer d'abord, puis te raisonner. Je me souviens d'une histoire de couteau suisse confisqué par le guignol, couteau que t'avait d'ailleurs offert Charlyse. Si je comprenais ta réaction et ta frustration, la garde alternée imposant une certaine conciliation, je ne pouvais aller à l'encontre des accords que nous avions passés avec "votre mère", même si elle les avait déjà transgressés en allant s'établir à Echirolles. Bien entendu, si la situation l'avait nécessité et s'était envenimée, j'aurai pris les décisions adéquates, mais là, il s'agissait plus d'une réaction à chaud de ta part, réaction que je me devais d'apaiser d'abord. D'autre part, tu serais avec nous la semaine suivante et nous en reparlerions.

Lors des longues conversations que tu avais à cette époque avec Charlyse, Rodrigue, je t'ai entendu dire un jour : « *C'est moi l'homme de la maison, l'autre, c'est mon assistant !* ». Ce jour-là, tu avais même ajouté que tu doutais de l'existence de relations sexuelles entre "votre mère" et lui ! Ces propos étaient très préoccupants : cela signifiait, et nous le pressentions depuis quelques temps déjà, que ce guignol ne pouvait pas jouer le rôle de référence mâle dans cette maison et que tu y faisais ce que tu voulais. D'ailleurs, les crasses que tu faisais aux filles, en toute impunité, sont bien là pour le prouver. C'est toi qui dirigeais tout.

Il vous fut alors bien simple d'orienter les sujets de conversation afin de pouvoir en profiter et Séverine fut le bouc émissaire parfait. Bien sûr, parler de Charlyse là-bas aiguillonnait la jalousie de "votre mère". Mais au lieu de tempérer cette jalousie, le guignol l'aiguisait et jetait en permanence de l'huile sur le feu. Combien de fois l'ai-je appelé au téléphone pour tenter de discuter avec lui, lui expliquer le problème et calmer le jeu. Il ne voulait rien savoir. Au contraire, il se permettait de me faire des leçons de morale allant jusqu'à me reprocher l'éducation que je vous donnais. Il me menaça même en me disant : « *Vous savez, avec mes relations, je n'ai qu'un mot à dire et je demande un dossier sur votre compte et celui de votre épouse !* ».

Lorsque tu décidas de faire une boum chez "votre mère", Elodie, mais sans inviter Séverine, il n'eut pas la réaction qu'aurait dû avoir un homme propre et sain, au contraire, il trouva cela tout à fait normal, puisque Séverine n'était pas ta sœur. De même, il n'eut jamais une attitude modératrice dans les élans malveillants et les délires de "votre mère", et sera de très mauvais conseil quand elle engagera sa procédure en référé et lors des non-présentations d'enfants. Pourtant, et par deux fois, il sembla avoir des propos cohérents quand il m'affirma en avoir marre d'entendre parler en permanence de Charlyse et Séverine et que si ça continue, je mets tout le monde à la porte. Malheureusement, c'est nous qu'il rendait responsable de ce fait et ne voyait pas d'où cela venait réellement.

C'est juste après le dépôt de cette procédure en référé, dont je parle un peu plus loin, que se déroula ce triste épisode dit *du Club de Scrabble*. J'étais en déplacement professionnel le lundi qui suivit, le 25 mai 1992 et je rentrai à la maison vers 20h15, juste le temps pour moi de prendre les clés et de me rendre à notre club de Scrabble. Soudain, avec un sans-gêne parfait, le guignol fit irruption en gueulant, entrée tonitruante, en plein milieu du silence de notre réflexion, parmi les joueurs, incrédules devant tant de vulgarité et si peu d'éducation. Comme un hystérique, celui-ci réclamait haut et fort les clés de ma maison car disait-il vos enfants sont à la rue ! Il ne se gêna pas pour m'insulter devant tout le monde, me traitant « *d'incapable, de bon-à-rien* » et il tenta de force de m'arracher des mains mes clés de maison. Une fois dehors, je constatai que toute la famille guignol était venue. Vous étiez tous là, observant sans rien dire ce qui se passait... C'est de l'intérieur de la voiture que, complètement indifférents, vous avez vu le guignol porter la main sur moi et m'attraper par le col.

Apparemment, vous deviez trouver cela tout à fait normal puisque vous n'avez pas bronché. Par la suite, j'ai appris par nos voisins que vous aviez tenté de pénétrer de force dans notre maison en essayant d'ouvrir les volets et les fenêtres. Le guignol et "votre mère" gueulaient des insultes à notre égard tout en donnant de violents coups de pied dans les volets. Il est vrai que dès votre départ de la maison, nous prenions la précaution de vérifier et de bien fermer les portes fenêtres que vous laissiez volontairement ouvertes en partant. Vous nous avez vous-mêmes appris que vous téléphoniez souvent aux LIONCEAU pour savoir ce que nous faisions, pour nous espionner et nous surveiller. C'est ce que vous aviez fait ce soir-là.

Croyez-le ou non, c'est "votre mère" qui porta plainte contre moi auprès de la gendarmerie de Voiron !

Après l'audience en référé, "votre mère" produisit un lot supplémentaire de certificats pour contrebalancer mon dossier. Le guignol fut à contribution aussi et pondit un véritable torchon où il étalait ses insultes à mon égard sans aucune retenue, ses mensonges honteux, ses jugements et interprétations personnelles, et ses propres louanges. Là, par contre, curieusement, lui ne s'attaquait qu'à moi dans un festival de calomnies et d'insultes en tentant de me faire passer pour un être violent et un mauvais père : « ... *un être égoïste et orgueilleux..., ...préméditation et odieux calcul..., ... par méprise et jalousie personnelle..., ... tous les mensonges écrits par Mr FERS, avec aplomb et surtout violence, méchanceté, égoïsme et jalousie..., ... manque de lucidité..., ... là encore, jalousie, orgueil, méchanceté diaboliques ressortent...* (NDLA : notez le "s" final !), *... orgueil, amour-propre..., ... quelle méchanceté, quelle stupidité...* ». N'est-ce pas là l'expression de la projection directe de sa personnalité ?

Lui se présentait, par contre, comme un homme bien : « *je suis un homme sensé et responsable, sympathique aussi...* ». Des récits fantaisistes, relatant, par exemple, des conversations téléphoniques entre Dady et moi à laquelle il ne pouvait avoir assisté. Il ajouta même : « *N'a-t-il pas osé écrire qu'en outre... il réparait les vélos et les jouets cassés des enfants ?* », oubliant par là un peu vite ceux de sa chouchou que j'avais réparés. Décidément, la mauvaise foi n'a vraiment pas de limites ! Le tout bourré de fautes d'orthographes, avec des changements de police de caractères qui rendait la lecture difficile, avec des qualificatifs particulièrement agressifs et une violence verbale inouïe montrant que cela avait été écrit à la va-vite, dans la panique et sans même être relu. Ce triste individu était déjà tout entier embrigadé dans le délire de "votre mère" et il était navrant de constater qu'il n'y avait désormais plus personne pour la faire revenir à la réalité et vous cadrer normalement dans cette maison.

Dès lors, devant tant de bêtise et de méchanceté, je coupai toutes les communications avec ces gens-là. Quand en juillet, après votre audition par le juge, "votre mère" désira vous parler, je refusai, surtout après ce qu'elle avait dit au juge dans la salle des pas perdus. Elle insista bien dix fois et je raccrochai jusqu'au moment où elle envoya son chien de garde de guignol pour exiger de vous parler. Pour qui se prenait-il donc, lui qui n'a aucun droit sur vous ? Je me fis un plaisir de lui raccrocher aussi au nez.

Mais cet imbécile s'illustra une fois de plus de manière glorieuse, lorsqu'une fois le jugement rendu, je vous ramenai chez "votre mère" avec toutes vos affaires en ce 28 octobre. J'étais déjà énervé par votre comportement et le fait de vous renvoyer avec toutes vos affaires me faisait mal au cœur. Vous aviez rangé celles-ci dans des cartons que je vous avais remis et disposé le tout dans ma remorque. Arrivés là-bas, nous commençâmes à les ranger correctement sous le hangar près de chez "votre mère". Soudain ce guignol sortit pour voir ce qui se passait et comprit tout d'un coup que désormais vous vous installiez là-bas ! Son sang ne fit qu'un tour et commença à m'agresser. Verbalement tout d'abord, me demandant d'un ton extrêmement agressif de remballer tout ça, puis en vint, devant vous, aux insultes : « *salopard, ordure...* ».

Je n'ai pas répondu à ces insultes, continuant à vider la remorque. Je t'ai demandé, Rodrigue, de calmer cet individu, ce que tu as tenté de faire du bout des lèvres. Celui-ci est parti un instant chercher "votre mère", puis peut-être pour lui prouver sa "virilité", tel le macaque devant sa femelle, a commencé à m'agresser physiquement, attendant bien que j'ai le dos tourné pour m'attaquer par derrière, me pousser pour me faire tomber au milieu de vos cartons et me donner des coups de pied une fois à terre. Il sonna chez la voisine, une dénommée BAISECON, pour qu'elle serve de témoin. Puis il se mit à remettre vos affaires en vrac dans la remorque. A ce moment, je me suis rapproché d'elle pour lui demander de rappeler son chien de garde. J'étais très énervé et le guignol s'est alors interposé violemment devant moi.

Spectateurs de la situation, vous n'avez pas bronché et n'avez absolument rien dit. Quand mes clés de maison sont tombées par terre, le guignol s'est précipité pour me les prendre et a toujours refusé de me les rendre, même quand toi, Rodrigue, tu les lui as réclamées. Sous l'injonction de "votre mère" vous êtes rentrés et elle appela la police. Quand je voulus vous dire au revoir et vous embrasser, le guignol s'interposa et m'en empêcha. J'ai voulu récupérer mes clés et nous avons continué à nous battre lamentablement ; par la fenêtre, vous assistiez au spectacle. Au moment où je suis parti, il donna de violents coups de pied dans ma pauvre voiture, enfonçant l'aile avant. Voilà un comportement d'homme droit, « *un homme sensé et responsable, sympathique aussi...* » et l'exemple qu'il vous fallait !

Quand, lunettes cassées, blouson de cuir et chemise déchirés, j'ai voulu porter plainte pour coups et blessures auprès de la gendarmerie d'Echirolles, l'accueil des policiers fut des plus froids. Le guignol et "votre mère" étaient déjà passés, brossant bien évidemment le tableau à leur avantage et portant plainte contre moi pour coups et blessures. Le pauvre guignol, avec son petit bleu sur la cuisse avait affirmé aux gendarmes qu'aussitôt que je l'avais vu, je l'avais insulté, puis frappé ; il m'avait alors pris mes clés de voiture puis me les avais rendues (il s'agissait des clés de maison) ! Quand à la voisine, elle fit elle aussi le même faux témoignage, affirmant que le guignol m'avait rendu mes clés. "Votre mère" y alla aussi de son faux témoignage affirmant que nous l'avions appelée à minuit pour l'insulter. Elle voulait aussi faire repeindre complètement sa voiture à mes frais, il n'y a pas de petits profits ! Ces trois faux témoignages étaient de connivence car affirmaient tous trois que j'avais jeté vos affaires par terre n'importe comment alors qu'au contraire, j'en prenais un très grand soin et vous avais demandé de les ranger correctement : « les feuilles de brouillon vire- voltaient... », affirmèrent-ils !

Par contre, ma déclaration fut en tous points conforme à la vérité et puisque vous avez assisté à la scène, vous pourrez facilement le vérifier en relisant les quatre déclarations dont j'ai obtenu les copies. Mes propos remirent les choses en place aux yeux de la gendarmerie. Je leur fis constater également l'état de ma pauvre voiture défoncée. Les coups que me porta ce guignol qu'atteste mon certificat médical mais surtout votre attitude complaisante m'ont complètement démoli et obligé à une incapacité de travail de 10 jours.

Malheureusement, malgré le sérieux, de ma plainte, celle-ci n'aboutit pas. Il n'est d'ailleurs pas impossible qu'il eût fait intervenir ses relations bien placées dont il se vantait. Sur les conseils de mon avocat, Maître OLLIVERAIE, et au vu de votre attitude complice, j'ai voulu vous éviter de faire, vous aussi, un faux témoignage supplémentaire contre moi. J'en avais déjà assez de toutes ces procédures judiciaires, j'ai décidé d'en rester là en ne relançant pas cette plainte.

Bien que je n'ai jamais été étonné de voir "votre mère" s'accoquiner avec une telle ordure, j'ai toujours été désolé pour vous de vous savoir le côtoyer Avoir cet immonde individu comme seule image masculine et seule référence chez soi dans son adolescence, doit être bien décevant et je pense que là aussi vous avez raté le coche.

Il me paraît évident qu'un comportement aussi faux et ordurier dans la vie courante doit se traduire aussi de la même façon dans la vie professionnelle avec magouilles et compagnies. Les dénonciations auprès de ses amis du fisc sont aussi allées bon train pendant ces trois dernières années où nous avons subi de nombreux contrôles fiscaux. Cela ne peut pas être le fruit du hasard... « *Je n'ai qu'un mot à dire* » hurlait-il ! Quelle immonde ordure !

Et dire que c'est avec ça que vous vivez !

LA VENGEANCE DE "VOTRE MÈRE"

Pendant tout ce temps, "votre mère" ne restait pas inactive ! Loin de là ! Bien sûr, on la sentait derrière chacune de vos actions, mais elle ne se contentait pas uniquement d'envoyer au charbon ses *"petits soldats"*, elle montait au front elle-même. Depuis l'annonce de notre mariage, et les vacances qui suivirent, elle redoubla d'assauts. Le fait que j'aie pu trouver le bonheur avec Charlyse lui était absolument insupportable et elle tenta par tous les moyens de casser notre union. Elle avait dû lire, et je suis sûr que tu t'étais fait un malin plaisir à le lui passer, Rodrigue, le petit livret que nous avions édité relatant notre voyage de noces, où notre amour transpirait à chaque ligne. Un tel amour lui était absolument intolérable. Que je sois heureux et pas elle, non ! Mais le fait que nous ayons mis la maison de Tisserand en vente la fit définitivement et complètement disjoncter. Sans doute a-t-elle pensé que je voulais vous déposséder ? Qui sait ce qui se passe dans une tête malade ?

"Votre mère" commença tout d'abord à nous inonder de télégrammes, à la maison, bien sûr, mais aussi et surtout à mon travail, mettant mal à l'aise notre service du courrier. Puis ce fut sa période fax, qu'elle m'envoyait chez BULL, sans aucune pudeur : en effet, c'est comme si on envoie une lettre sans la mettre dans une enveloppe, tout le monde pouvait la lire. Elle y décrivait la liste des effets que je devais absolument rendre quand je vous ramenais, et me donnait injonction de vous ramener à telle heure, distribuant ainsi ses ordres sur un ton extrêmement agressif. Elle m'y menaçait même si je ne faisais pas ce qu'elle disait ! Je dus alors faire intervenir ma direction pour faire arrêter ce scandale : un directeur général lui rappela que le fax de BULL était réservé à des fins professionnelles et qu'elle était fermement invitée à m'écrire à mon adresse personnelle.

Ensuite, ce fut les lettres recommandées. J'en recevais une tous les deux ou trois jours. C'était à un tel point que je demandais au facteur de ne plus perdre de temps ni de me déranger quand il aurait ce type de lettres venant d'Echirolles avec cette écriture ronde car je les refuserai systématiquement. J'ai bien dû refuser une dizaine de ces lettres.

Dans le même temps, elle continuait ses coups de téléphone. Les anonymes, bien sûr, appelant plusieurs fois par jour et raccrochant immédiatement. Bien évidemment, elle appelait l'après-midi quand elle savait que Charlyse se reposait. C'était parfois jusqu'à dix ou quinze coups de fil l'après-midi. Nous avons alors changé de numéro de téléphone, mais, comme vous aviez ce numéro et que vous le lui avez donné pour qu'elle vous appelle, les coups de fils anonymes n'ont pas arrêté, bien au contraire. Vous vous y mettiez aussi, car souvent ceux-ci étaient passés du collège, d'où l'on entendait le fond sonore caractéristique d'une cour de récréation, ce qui n'était pas très malin de votre part.

Mais elle appelait aussi à mon travail, me dérangeant constamment pour des broutilles ou pour gueuler. C'était à tel point que je ne décrochai plus mon poste. C'est ma collègue et voisine Colette LALIQUE qui filtrait mes appels. Un jour, elle appela en annonçant : « *Je suis Madame FERS* ». A cette affirmation, Colette, qui ne manquait pas d'humour, lui rétorqua de go : « *Laquelle ?* » Un autre jour, elle se fit même passer pour "l'Hôtel de Police" pour me menacer, mais surtout pour tenter de faire croire que c'était moi qui passais des coups de fil anonymes. Mais la ficelle était trop grosse et une autre collègue, Stéfania TYPE, la reconnut et nous raconta. Cette dernière relata, par la suite, cet épisode dans un certificat et "votre mère" reconnaîtra ce fait devant le juge...

Puis, dans l'intention de nous nuire de plus en plus, elle se mit à contacter des responsables de nos employeurs pour leur parler de prétendues violations de secrets professionnels dont nous nous rendions, affirmait-elle, régulièrement coupables. Elle appela, par exemple, Madame Martine NORBERT, superviseur chez BULL et travaillant à quelques mètres de moi. "Votre mère" lui déclara notamment : « *Je suis la vraie Madame FERS et l'autre n'est qu'une usurpatrice* » (sic) ! Elle décrivit également avec moult détails les différents secrets professionnels que, selon ses dires, je divulguais. Mais elle connaissait si peu ce que je faisais chez BULL que ses affirmations sonnèrent aussi faux que l'immonde guignol et qu'elle se couvrit de ridicule, passant une fois encore pour une imbécile. Malheureusement pour elle, Martine me connaît très bien (elle connaît aussi "votre mère", puisque c'est elle, quand elle était au service du personnel, qui nous reçut à BULL Grenoble quand nous nous y sommes rendus pour la première fois). Cette dame fut à tel point écœurée par les propos de "votre mère" qu'elle n'osa pas m'en parler tout de suite. J'ai appris par d'autres l'existence de ce coup de fil supplémentaire.

De la même manière, elle s'attaqua à Charlyse. C'est à cinq heures du matin qu'elle appela un beau jour, et chez elle s'il vous plaît, une surveillante de l'hôpital, Madame CHAVIRON pour lui dire tout le mal qu'elle pensait de Charlyse et surtout pour l'accuser là aussi de violation de secrets professionnels. Là encore, elle est très mal tombée. Madame CHAVIRON connaissait très bien Charlyse et "votre mère" était loin d'être assez maligne pour être crédible ! Cinq heures du matin, ça fait toute une nuit de préméditation ! J'imagine la perversité du personnage, se retournant toute une nuit, cherchant dans sa pauvre tête comment elle pourrait encore nuire à Charlyse et trouvant cette réponse au petit matin !

Mais ce n'était pas suffisant : pour tenter de faire le vide autour de nous et pour nous dénigrer sur Voiron, elle se mit à appeler tous azimuts en s'attaquant aussi lâchement que possible à Séverine. Ce fut alors au tour des parents de tes camarades de classe, Elodie, d'être appelés afin de les monter contre Séverine et soutenir les propos que vous teniez tous les deux contre elle. Ainsi ai-je dû, pour la contrer sur son propre terrain, rencontrer moi-même certains de ces parents pour les mettre en garde contre ses propos malveillants et diffamatoires. Monsieur et Madame MOULIN, les parents de Virginie, par exemple, m'ont raconté tout ce que "votre mère" avait pu leur dire. Ils étaient tout particulièrement scandalisés par le type de propos qu'une soit-disant "mère" pouvait tenir sur un autre enfant de l'âge de sa fille. Monsieur et Madame BATTANTE, les parents de Claire, à qui nous avions fait un petit cadeau pour leur nouveau-né, nous ont, eux aussi, confirmé de tels propos.

Mais, puisque je parle de Madame BATTANTE, je ne résiste pas au plaisir de vous rappeler cette histoire croustillante qui fit le tour de Voiron. Un jour, tu dois t'en souvenir, Elodie, Claire BATTANTE arriva en pleurs à l'école : elle croyait que ses parents allaient divorcer car ils s'étaient violemment disputés. Elodie, comme tu te faisais un malin plaisir de tout raconter à "votre mère", tu lui affirmas qu'ils allaient effectivement divorcer. Ni une, ni deux, avec un sans-gêne incroyable et sans aucune notion de savoir-vivre, "votre mère" appela Madame BATTANTE pour lui apporter son soutien, lui dire tout le mal qu'elle pensait des hommes, ajoutant : « *Après tout, un divorce ce n'est pas si grave, puisque moi, je m'en suis très bien sortie...* ». Bien évidemment, elle s'est faite proprement recevoir ! Imaginez un seul instant la tête de cette dame ! Décidément, le ridicule n'a vraiment pas de limites !

Puis, ce fut aussi le tour de ma famille. Marcel, tout d'abord, auquel elle téléphona plusieurs fois et écrivit, tentant de me faire passer pour ce que je ne suis pas, mais celui-ci était loin d'être dupe. Elle lui demandait, entre autres, d'intervenir auprès de moi pour que "je me calme" (sic). Puis, sans succès,

Sylvie, dont elle vous avait demandé de récupérer chez nous l'adresse à notre insu... Sylvie, qu'elle a ensuite complètement retournée pour la monter contre moi et surtout contre Charlyse et qui a continué à jouer un jeu perverse auprès de vous contre moi ! Et ce fut le tour de cette pauvre Mamy Paulette qu'elle abreuva d'insanités à mon égard, laquelle la pria de la laisser tranquille. "Votre mère" insista pourtant auprès de Janine FERS, ma sainte tante, toujours prête à voler au secours des "victimes" de ses neveux qu'elle n'appréciait guère, ce qui est bien réciproque. Celle-ci lui ouvrit grands les bras à tel point qu'elle reçut "votre mère" et son immonde guignol à plusieurs reprises, alors qu'elle avait refusé de laisser entrer chez elle Annabelle, fiancée de Marcel que celui-ci venait présenter avant son mariage... Pourtant, là, Yvon ne la laissa pas faire, ni s'immiscer dans mes affaires.

Mais malheureusement le pire était encore à venir. C'est toi, Rodrigue, qui commenças l'affaire Xavier FRAISSE, quand tu cherchas à faire pression sur Xavier pour qu'il accuse Séverine d'une chose qu'elle n'avait pas commise : tu l'avais menacé de lui "casser la gueule" s'il ne le faisait pas. A contrecœur il le fit. Mais tu n'avais pas tablé sur la sincérité de ce garçon, et Xavier, rongé de remords, raconta à Séverine ce que tu lui faisais. Il le fit même dans une lettre qu'il remit à Charlyse devant moi ! Mais ce n'était pas du goût de "votre mère" qui intervint alors directement auprès de Xavier et surtout de ses parents pour faire passer Xavier pour un menteur et glorifier les dires de son fils. "Votre mère" appela à plusieurs reprises chez lui pour raconter cette histoire à sa manière, tombant tantôt sur la grand-mère, tantôt sur les parents tantôt sur Xavier lui-même. Cette affaire rendit Xavier malade à un tel point que ses parents, profondément scandalisés, prièrent "votre mère" de cesser ses interventions et nous contactèrent pour que nous en parlions, tous ensemble, ce que nous fîmes avec plaisir. Quand, par la suite, je leur demandai un certificat pour expliquer le comportement de "votre mère", ils n'hésitèrent pas une minute, ayant trouvé scandaleux de se servir ainsi des enfants pour arriver à de telles fins.

Puis, elle tenta d'attaquer du côté du père de Séverine. Elle était déjà "entrée" en contact avec lui en l'"agressant" dans le parking de Grand-Place quelques mois auparavant alors que celui-ci conduisait la voiture de Charlyse et il connaissait l'oiseau. Alors quand "votre mère" lui téléphona pour lui proposer un rendez-vous, il prit peur et en parla aussitôt à Charlyse. Charlyse décida alors de se rendre seule à ce rendez-vous pour la court-circuiter. Imaginez la tête de "votre mère" quand il vit Charlyse s'asseoir à la table du buffet de la gare où elle attendait ! En fait, cette entrevue ne tourna pas comme elle l'aurait voulu : Charlyse réussit à lui faire entendre raison et lui expliquer qu'il n'était absolument pas question pour elle de prendre sa place auprès de vous. Elles se quittèrent même bonnes copines et se firent la bise. Une fois de plus, Charlyse avait fait des heures supplémentaires dont elle se serait bien passée, mais je pense que ce qu'elle fit ce soir-là permit de calmer le jeu pour un temps. Elles se firent la bise encore pendant quelques semaines jusqu'à ce que la jalousie reprenne le dessus et que cela devienne absolument insupportable à "votre mère" qui déclara alors qu'elles n'étaient pas « cul et chemise », refusa désormais de faire la bise à Charlyse et fut à peine polie.

Bien évidemment, je vous invite à contacter personnellement l'ensemble des personnes que j'ai citées ici afin de vérifier avec elles la véracité de ce que j'ai rapporté. Peut-être pourrez-vous ainsi mieux apprécier la perversité de "votre mère" ainsi que tout ce qu'elle nous a fait endurer pour alimenter sa jalousie mais aussi pour tenter de gâcher le magnifique bonheur que Charlyse et moi vivions et qui lui était insupportable.

Par contre, tout le temps qu'elle passait à chercher à nous nuire par tous les moyens, elle ne vous le consacrait pas : par exemple, c'était à nous de t'accompagner aux compétitions de natation, Elodie, "votre mère" ne t'y a jamais emmenée, n'a jamais assisté à une seule de tes compétitions et ne t'a jamais vue nager. Je l'ai vue une seule fois à la piscine de Voiron : tu étais très anxieuse car tu ne la voyais pas alors qu'elle t'avait promis de venir. Je te revois encore sur le plot de départ te retournant sans arrêt pour tenter de l'apercevoir. Tu avais d'ailleurs complètement raté ta course. Il est vrai que ce jour-là, elle était tout de même venue, certes très en retard, mais ne voulant pas mouiller ses pauvres petits pieds, elle était restée dans le vestiaire, derrière le pédiluve... Quelle honte !

Puis "votre mère" vous incita, pour tous les mauvais traitements que vous receviez chez nous, à prendre contact avec le Numéro Vert (05.05.34.34) d'"Enfance Maltraitée" pour vous plaindre de nous et vous ne vous en êtes pas privés. Ce ne pouvait qu'aller dans son sens, un peu plus contre nous.

"Votre mère" s'acharna ainsi durant au moins toute cette année-là, contre nous, passant son temps à se demander ce qu'elle pourrait bien inventer pour nous nuire un peu plus, à tel point que cela n'était plus, chez l'immonde guignol, que le seul sujet de conversation et que celui-ci me déclara, et ce à deux reprises : « *Si ça continue, je mets tout le monde dehors et j'aurai enfin la paix !* ». Quelle tristesse de voir que le seul but dans la vie de certains est de faire du mal aux autres ! Comment peut-on vivre ainsi 24 heures sur 24 ? Comment avez-vous pu ainsi, vous mes enfants, vous laisser embringuer dans cette perversité et cette paranoïa ? Et pourtant, vous n'étiez pas du tout étrangers à tout ce déploiement de méchanceté, vous y avez pris une bonne part. Il est même certain que nous ignorons une bonne partie de ce qu'elle et vous avez pu bien faire contre nous (nous en savons bien assez ainsi), mais je sais que vous deux, Elodie et Rodrigue, vous le savez parfaitement. Vous savez que ce que je relate ici est la pure vérité et vous savez que je n'exagère même pas les faits !

Puis vinrent les vacances de Pâques 1992, Didi et Dady se déplacèrent sur Grenoble et je proposai à l'immonde guignol (j'avais renoncé depuis longtemps, vu son état et tout ce qu'elle faisait contre nous, à m'adresser directement à "votre mère") de les rencontrer afin de parler de tout ça avec eux. J'avais même eu Didi au téléphone. L'immonde guignol me répondit qu'il fallait les laisser tranquilles car le grand-père était sur la fin. Néanmoins j'insistai, en vain. Il trouva même le moyen de me menacer...

Et pourtant, comme "bon" rime avec "con", pendant ces vacances, j'avais accédé à une vieille demande de "votre mère" : cela faisait un bon moment qu'elle me réclamait les photos que j'avais prises de vous bébés. "Votre mère" ne prenait jamais de photos, mais bien au contraire trouvait très amusant de grimacer bêtement sur toutes celles où elle apparaissait. Ne voulant pas dégarnir les albums que j'avais confectionnés et auxquels je tenais, je lui remis, en lui demandant de me les rendre, l'ensemble de mes négatifs. En fait, elle n'attendait plus que cela pour lancer sa grande opération finale. Bien entendu, je n'ai jamais revu mes négatifs.

L'avant-dernière semaine de Mai 1992, vous étiez chez nous et ô, surprise, vous étiez tous les deux d'une gentillesse extraordinaire. Prévenants, vous discutiez gentiment avec Charlyse comme vous le faisiez au tout début. Nous vous trouvions transformés et cela était très chouette, bien qu'un peu suspect. C'est le vendredi que je fus convoqué à la mairie de Voiron pour y retirer un document déposé par un huissier. Bien évidemment, avec la venue de vos grands-parents, "votre mère" avait préparé quelque chose. J'avais tout imaginé, mais là je tombai de très haut : ce document m'annonçait que "votre mère" avait déposé, et en référé s'il vous plaît, une demande pour que me soit retiré "*TOUT DROIT DE VISITE ET D'HÉBERGEMENT SUR MES DEUX ENFANTS*", rien que cela. L'audience était fixée pour le lundi 1° juin, c'est à dire que je n'avais qu'une semaine devant moi. De plus cette semaine-là comportait le grand week-end de l'Ascension et les lundi et mardi j'étais en déplacement professionnel. C'était très très court.

LE RÉFÉRÉ

Une procédure "en référé", comme je vous l'ai déjà expliqué, puisque c'était la deuxième que je subissais de la part de "votre mère", est une procédure judiciaire qui permet de juger une affaire très rapidement quand l'urgence s'impose. Apparemment, aux yeux de "votre mère", j'étais un si mauvais père qu'il était très urgent de me retirer immédiatement toute responsabilité sur vous deux mais surtout de vous empêcher désormais de me revoir puisque, si sa demande aboutissait, je ne serais plus autorisé ni à vous voir (suppression du droit de visite), ni à vous recevoir chez moi (suppression du droit d'hébergement).

Quelle était donc cette femme qui se disait "votre mère" et dont le seul but était de retirer à ses enfants le droit de voir leur père ? Comment peut-on imaginer une quelconque parcelle d'amour pour des enfants, pour ses enfants chez un tel être avec un comportement aussi abject ? Dans l'ensemble des problèmes que j'ai eus avec "votre mère", j'ai toujours pensé que, comme tous les enfants du monde, vous aviez besoin d'un père et d'une mère, même séparés. Vous n'avez qu'un père et qu'une mère, vous n'en aurez jamais d'autres. C'était ce qui m'avait guidé lorsque j'avais proposé une garde alternée après le jugement qui m'accordait votre garde.

Il faut être inhumain pour retirer à un enfant le droit fondamental de voir son père ou sa mère. Cette intervention auprès du juge, en référé, était une abomination et révélait soudain le caractère ignominieux de "votre mère", sa jalousie maladive qu'elle masquait sous une parodie d'amour inexistant et un état mental vacillant.

L'assignation faisait état des griefs suivants : « (vous étiez)... victimes de brimades... particulièrement perturbés puisque Rodrigue voit un psychologue et Elodie a un problème capillaire d'origine psychologique... rejetés du milieu familial notamment par la nouvelle épouse de Monsieur FERS... Rodrigue doit rentrer à pied de l'école tandis que l'enfant de la nouvelle épouse de Monsieur FERS est véhiculée... le linge n'est plus entretenu.... certains aliments (yaourts) sont réservés exclusivement à l'enfant de la nouvelle épouse de Monsieur FERS et sont interdits aux deux enfants...

Rodrigue parle de suicide... ».

Rien que cela ! Me connaissant, cela prête à sourire, mais ce n'était pas une blague, c'était malheureusement très sérieux.

Par contre, ce qui m'a le plus écœuré de votre part, c'est que vous étiez parfaitement au courant de cette demande depuis plus de 15 jours, que vous saviez que cela signifiait pour moi une destitution de mes droits paternels, que vous étiez d'accord avec cette procédure, que vous ayez fait comme si de rien n'était et que vous ne m'en ayez rien dit. "Votre mère", bien sûr, avait donné ses ordres : il ne fallait rien dire et, à son habitude, tout faire par derrière. Votre gentillesse durant cette semaine montrait votre écœurante hypocrisie. D'autre part, ces histoires de brimades, de rejet du milieu familial n'existaient que dans la tête de "votre mère" et je vous sentais entretenir cet état d'esprit par jeu mais aussi par bêtise. Les yaourts de Séverine qui vous étaient interdits montraient bien la fourberie de ce que vous lui racontiez, car bien sûr vous omettiez sciemment de lui parler des yaourts que nous achetions rien que pour vous et qui étaient strictement interdits à Séverine ! Vous omettiez également de dire qu'on finissait d'ailleurs par les jeter car souvent la date était dépassée. C'était ceux de Séverine qui vous fallait ! Rodrigue rentrait à pied, et pas Séverine mais Elodie était hypocritement passée sous silence ? N'y avait-il pas eu une bonne raison pour que tu rentres à pied, Rodrigue ? Souviens-toi, tu avais été puni !

J'étais réellement écœuré mais aussi furieux contre vous. Votre comportement infantile d'enfants gâtés, jouant à faire croire que vous étiez des enfants martyrs, chez nous et des enfants normaux chez "votre mère" était ahurissant. Vous n'aviez même pas eu le courage élémentaire de me parler et de m'exprimer votre volonté d'aller vivre chez "votre mère", si tant est que ce fût réellement votre volonté ! Lorsque je vous ai demandé des explications, vous fûtes incapables d'en donner tout comme vous fûtes incapables d'en donner les raisons !

Là, vous m'avez entendu gueuler un bon coup. Oui, j'ai gueulé, j'étais tellement écœuré que j'étais alors partagé, devant tant de mauvaise foi et de méchanceté gratuites, entre l'envie de ne rien tenter, de laisser faire et l'envie de me battre contre cette injustice et ces calomnies, montrer la folie de cette demande et de vous sortir, malgré vous, de ce bourbier dans lequel vous vous enfonciez jours après jours sans même vous en rendre compte.

Ce qui m'a réellement décidé fut le triste épisode du Club de Scrabble quand avec son sans-gêne et son manque total d'éducation l'immonde guignol fit son esclandre parmi les joueurs. Je n'eus donc pas trop à hésiter à choisir la deuxième solution : je n'abandonnerai pas mes enfants à cette déséquilibrée et à son malotru de guignol, vous m'en auriez voulu toute votre vie. Vous valiez mieux que cela.

J'avais rencontré Maître Yann OLLIVERAIE précédemment et je m'étais dit que si un jour j'avais besoin d'un avocat, ce serait lui que je choisirai. Intelligent, vif et plein d'humour, il représentait pour moi le défenseur idéal. Quand je vins le voir pour lui présenter mon affaire et lui raconter que "votre mère" voulait me retirer "*tout droit de visite et d'hébergement sur mes deux enfants*", il commença par rigoler puis me posa les questions suivantes : « *Qu'avez-vous donc fait ? Avez-vous tué votre père et votre mère ? Combien de petites filles avez-vous violées et étranglées ? Etes-vous un criminel de guerre notoire ?* ».

Devant le peu de temps que nous avions devant nous, Maître OLLIVERAIE et moi établîmes un plan de travail. Chacun de nous deux avait sa tâche. Je devais établir des certificats de moralité et rassembler le maximum d'éléments pouvant montrer la folie de cette demande ainsi que le manque de maturité de "votre mère", ce qui se traduisait presque dans la demande elle-même et montrer aussi le manque d'éducation de l'immonde guignol. Quant à

Maître OLLIVERAIE, il chercherait à entrer en contact avec l'avocat de la partie adverse, une dénommée BARGE.

C'est ainsi que je m'activais à contacter mes amis pour leur demander de l'aide, ce qu'ils firent fort volontiers. Je pus rassembler plus d'une dizaine de certificats de mes frère et sœur, d'amis, de voisins, de collègues, de tous ceux qui venaient à nos fêtes et qui me voyaient m'occuper de mes enfants comme un bon père. J'écrivais aussi au juge un mémoire, ce qui m'avait réussi une fois précédente, dans lequel je disais ce que j'avais sur le coeur, je réfutais tous les points évoqués dans la plainte de "votre mère" et j'expliquais ce qui se passait réellement. J'obtenais un certificat du Collège Louis Lumière affirmant qu'il n'y avait pas de Sport-Etudes, montrant la manipulation dont tu étais l'objet, Elodie. Ma collègue Stéfania, qui avait reçu l'appel bidon de l'Hôtel de Police, me fit également un certificat, montrant la duplicité de "votre mère". Le Club de Scrabble, écœuré par l'intervention de ce malotru de guignol fut ravi de raconter au juge ce qui s'était passé ce soir-là. Je choisis, parmi toutes les photos que j'avais prises depuis notre séparation d'avec "votre mère", celles qui montraient le plus les "brimades" dont vous étiez l'objet : notre mariage, où l'on vous voit signer tous les trois l'acte de mariage et faire votre spectacle, le dernier Noël avec votre spectacle et les cadeaux sous le sapin, où l'on vous voit éclater de rire, la sortie Chiens de Traîneaux, les Jeux Olympiques d'Albertville 92, les anniversaires avec les gâteaux confectionnés par Charlyse. Autant de brimades inadmissibles, justifiant de me retirer tout droit de visite et d'hébergement !

Maître OLLIVERAIE, quant à lui tenta de rentrer en contact avec sa collègue BARGE pour obtenir la communication des pièces. Il eut beaucoup de difficultés : d'abord parce que BARGE n'était pas inscrit au Barreau de Grenoble et que personne ne la connaissait ; ensuite, son téléphone ne répondait pas. Bref, ce n'est que vers 11h le lundi matin, jour de l'audience, qu'il reçut par FAX une pâle copie des pièces. Maître OLLIVERAIE me les lut par téléphone et je pus rectifier au dernier moment mes écrits.

D'un autre côté, ce lundi matin, je contactai le Docteur CAPERAN, dermatologue réputé, afin qu'il t'examinât de toute urgence, Elodie, pour ton problème capillaire. Comprenant la situation, il accepta immédiatement. Je contactai aussi Monsieur FUGACE, Directeur du collège André MALRAUX, pour lui signaler que je viendrai te chercher, Elodie, en tout début d'après-midi pour t'amener à ce rendez-vous urgent. Bien m'en a pris puisque "votre mère" l'avait déjà contacté, mais pour lui dire qu'elle vous emmènerait tous les deux pour vous présenter au juge. Je m'y opposai alors fermement, puisque le juge ne vous avait pas convoqués et faisais valoir auprès de Monsieur FUGACE, preuve à l'appui, que sa période de garde alternée (toujours en vigueur) se terminait le lundi à midi et qu'elle n'avait plus autorité sur vous pour l'après-midi. Je pus ainsi t'emmener chez ce médecin qui certifia que ce problème capillaire était dû à tes lunettes (des Chantal Goya de piètre qualité) et en aucun cas "à des problèmes psychologiques" car il n'avait jamais vu cela ! Puis je te ramenai au Collège et c'est Charlyse, comme à son habitude, qui vint vous chercher à la sortie de la classe ce jour-là.

Charlyse demanda à son amie Claude DOUILLE de venir passer la soirée avec vous afin de pouvoir se rendre au tribunal et me soutenir par sa présence ce que j'ai fort apprécié.

Nous fûmes reçus par le juge, Monsieur VERGEAT, en début de soirée alors que nous étions convoqués pour 17h. L'audience auprès du juge se déroula pendant près de trois-quarts d'heure. "Votre mère" était représentée par deux avocates dont l'une était BARGE mais qui n'a pas ouvert la bouche. Maître OLLIVERAIE commença par demander le report de l'audience argumentant le peu de temps qui lui avait été imparti pour préparer ma défense. L'avocate adverse et "votre mère" s'y refusèrent catégoriquement prétextant de l'urgence et de la situation qui, paraît-il, était "catastrophique" pour mes deux enfants...

Cette avocate se mit alors à baver sur notre compte, racontant avec moult détails ce qui, à son idée, se passait à la maison, ce que racontaient les LIONCEAU, les "brimades" dont vous étiez soit-disant l'objet et conclut sa plaidoirie en demandant que me soit retiré tout droit sur mes enfants. Puis Maître OLLIVERAIE commença par rigoler et présenta son dossier. Il l'avait structuré en sous-dossiers avec les titres suivants :

- DES ATTESTATIONS SUR MONSIEUR FERS EN TANT QUE COLLÈGUE DE TRAVAIL

- DE LA MORALITÉ DE MADAME FERS

- DE LA POSITION DE MADAME FERS QUI A TOUT FAIT POUR ASSURER L'UNITÉ FAMILIALE

- DE LA POSITION DE MONSIEUR FERS

- DES ENFANTS MARTYRS...

- DES BULLETINS SCOLAIRES OÙ IL EST DEMONTRÉ QUE LES ENFANTS ONT BESOIN D'UNE REPRISE EN MAIN

- CERTIFICATS MÉDICAUX OÙ LES ENFANTS NE SONT PAS EN DANGER PHYSIQUE. ILS SONT

SUIVIS PAR LE DOCTEUR BOUVAT. LE CERTIFICAT PRODUIT PAR LA PLAIGNANTE NE PROUVE RIEN !

- OÙ LA PLAIGNANTE N'HÉSITE PAS À SE FAIRE PASSER POUR L'HÔTEL DE POLICE

- DES PENSÉES MORBIDES DE RODRIGUE ! ! ! DANS UNE LETTRE ADRESSÉE À SA MÈRE... RODRIGUE SERA D'AILLEURS TRÈS CONTENT D'APPRENDRE QUE SA MÈRE SE SERT DE LA DITE LETTRE EN JUSTICE ! !

- DE LA VIOLENCE ET DE L'INCORRECTION DU CONCUBIN DE LA PLAIGNANTE

- DES TEMOIGNAGES SUR LA VIE FAMILIALE

- DES REVENUS ET CHARGES DE MONSIEUR FERS. IL PEUT INCONTESTABLEMENT ASSURER MATÉRIEL- LEMENT LE BIEN-ETRE DE SES ENFANTS

A côté de tout cela, le dossier de "votre mère" faisait pale figure. Avec ses quatre certificats dont deux de la grosse LIONCEAU qui affirmait que seule Séverine était véhiculée par Charlyse, oubliant hypocritement Elodie et le nombre de fois que son rejeton Didier avait été ramené ! Etait jointe également une lettre que tu avais écrite à "votre mère", Rodrigue, et bien sûr, tu ne savais pas qu'elle s'en était servie... Dans cette lettre, tu parlais "suicide" et cette avocate tenta de faire croire que tu étais tellement "brimé" que tu voulais te suicider. En fait, tu y parlais de suicide en général, mais pas pour toi et cet amalgame était vraiment très malhonnête. Par la suite, tu nous diras avoir écrit cela pour "emmerder" "votre mère" !

Ayant parfaitement compris l'urgence de la situation, Monsieur le Juge se hâta de décider qu'il mettait son jugement en délibéré pour dans quinze jours.

A la sortie de l'audience, mon avocat et moi étions très satisfaits. Notre dossier avait porté, celui de la partie adverse, presque vide ne tenait pas la route. Ses histoires de yaourts faisaient très infantiles et montraient l'immaturité de la plaignante. Charlyse nous attendait à la sortie et j'invitai Maître OLLIVERAIE à prendre un verre au Café du Tribunal pour partager nos impressions. Nous passâmes alors un bon moment à nous remémorer les points forts de cette audience et Maître OLLIVERAIE paressait très optimiste. La surprise nous vint soudain de l'immonde guignol que nous vîmes arriver chargé de vos sacs, expliquant d'un air gauche et minable qu'ils étaient tellement sûrs d'avoir gain de cause immédiatement qu'ils ne nous avaient même pas déposé vos affaires à la maison comme ils auraient dû le faire. Pour remercier ce brave, je fouillai dans mon sac et lui donnai une pièce. Soudain, Maître OLLIVERAIE éclata de rire. Il venait tout juste de comprendre que ce minable était l'immonde guignol et avait vu la pièce qu'il avait accepté : 20 centimes ! Fou rire !

LE JUGEMENT DU RÉFÉRÉ

Nous étions confiants dans le résultat de cette audience et nous attendions le délibéré. A notre retour, nous vous avons raconté ce qui s'était passé à l'audience. Je vous ai fait lire ce que j'avais écrit au juge, et je vous ai montré les certificats de "votre mère". Au vu de celui de la grosse LIONCEAU, Rodrigue tu t'écrias : « *Quelle menteuse !* ».

A ce moment-là, je n'aurai peut-être pas dû tant montrer mon optimisme devant vous.

Cette semaine-là se passa pourtant très bien, les filles vous décidiez même d'organiser une boum pour dans 15 jours pour fêter la fin de l'année scolaire, ce qui démontrait à coup sûr, combien vous étiez malheureux chez nous !

Pourtant un fait nouveau, incroyable, se présenta. Je

fus contacté par Maître OLLIVERAIE qui m'annonça, qu'à l'encontre de toute déontologie et de toute procédure, BARGE avait fait parvenir au juge un dossier complémentaire qui se voulait ressembler au mien : certificats de la famille, photos, lettres de "votre mère" et de l'immonde guignol, en tout une quinzaine de documents. Les copies reçues par fax étaient blanches pour la plupart et illisibles. La demande de mon avocat d'en avoir une copie lisible restera toujours sans réponse.

Dans cette lettre de 10 pages, "votre mère" attaquait Charlyse et surtout Séverine de la manière la plus odieuse qui soit : dans un immense délire non structuré, avec des artifices de calligraphie outranciers, changeant de police de caractères deux ou trois fois par phrase, elle laissait transparaître toute la haine et la jalousie qu'elle nourrissait contre Charlyse. A chaque page y flottait une odeur de violence, de mensonge, quelque chose de malsain. Elle y parlait de foyer infernal, Charlyse y était présentée comme une *« marâtre, violente et haineuse, digne des infirmières tortionnaires dans les camps de concentration nazis..., ... la haine, la violence, la fausseté, l'ignominie de cette femme..., ... le caractère violent de Madame GARAUDI..., ... par jalousie, de façon insidieuse..., ... elle ment... »*, puis sa haine à mon égard surgit : *« ... à nouveau cette haine, cette méchanceté à l'égard de mes deux enfants.... Charlyse vous privait aussi de nourriture,*

... Rodrigue ne mange pas à sa faim.... Séverine est une dévergondée à ne pas fréquenter car ne parle que de "CUL"... ». Elle mit même en cause le père de Séverine !

Curieusement, il n'y avait rien ou très peu contre moi, alors que c'était moi qu'elle voulait destituer de mes prérogatives paternelles. Objectif numéro un, Charlyse, numéro deux, Séverine. Mes enfants étaient, d'après elle, en grave danger chez nous. Cet odieux papier laissait un sentiment de malaise. Dans un immense délire transparaissait toute la jalousie que "votre mère" nourrissait contre Charlyse : tout ce qu'elle reprochait n'était qu'une immense projection, c'est-à-dire qu'elle accusait Charlyse de ce qu'elle faisait elle, un papier plein de flagrantes contradictions, où infantilisation et endoctrinement de mes enfants se rencontraient à toute page. Montré à un psychiatre de ma connaissance, celui-ci affirma qu'il s'agissait de « *TROUBLES DÉLIRANTS PARANOÏAQUES DE TYPE JALOUSIE ET PERSÉCUTOIRES* » et il ajouta « *AVEC PERVERSION !* ». Il le qualifia même de « *dégurgitation délirante* ». Maître OLLIVERAIE, lui, parlera en un peu plus imagé de « *diarrhée verbale* » et insistera sur la paranoïa délirante.

Le papier de l'immonde guignol ressemblait en tous points à celui de "votre mère". C'était le véritable torchon dont j'ai déjà parlé dans un chapitre précédent. Il étalait ses insultes à mon égard et uniquement contre moi, sans aucune retenue, dans un festival de calomnies en tentant de me faire passer pour un être violent et un mauvais père et se présentant, lui, par contre, comme un homme très bien.

Il y avait d'autres certificats mais illisibles. J'ai noté un papier de Dady et Didi, de la standardiste de l'immonde guignol (ne risquait-elle pas sa place en refusant ?) et même de la mère de Linda MARTIN !!!

Maître OLLIVERAIE s'insurgea auprès du juge, lui demandant de ne pas tenir compte de ce complément de dossier puisque BARGE n'avait pas voulu reporter l'audience. Il trouvait, à juste titre, inadmissible de ne pas respecter la procédure.

Monsieur VERGEAT, le juge, avait décidément très bien compris toute l'urgence du problème puisqu'il décida de vous entendre avant toute décision et vous convoqua pour le 7 juillet, soit plus d'un mois après la date du référé.

Le 7 juillet, premier jour des grandes vacances, vous étiez avec moi et c'est donc moi qui vous accompagnais au tribunal pour y rencontrer le juge. Avant de partir, nous avions parlé ensemble de cette audience. Je vous avais prévenu que ce n'était pas la peine de raconter n'importe quoi car de toutes façons tout le monde saurait ce que vous auriez dit. Je vous avais seulement demandé de bien vouloir rectifier devant le juge les mensonges de "votre mère" dans son papier délirant dont j'ai parlé un peu avant. Vous aviez d'ailleurs, de vous-même, écrit une petite lettre au juge ou vous rectifiez ses dires. En aucun cas, et contrairement à ce qu'affirma "votre mère" devant le juge, je ne vous ai imposé ce que vous deviez lui dire. Je vous faisais confiance pour ne pas travestir la vérité et pour remettre les choses à leur place.

Rodrigue passa le premier, pour environ une demi-heure, puis ce fut le tour d'Elodie. "Votre mère" se pointa en retard, et ne put, fort heureusement, vous voir avant que vous ne voyiez le juge. A la sortie d'Elodie, j'allais saluer le juge pour lui demander si tout s'était passé normalement. "Votre mère" en profita pour lui demander je ne sais quoi, celui-ci répondit qu'on était pas à l'audience et qu'elle devait voir cela avec son avocat. Elle insista en affirmant au juge : « *mes enfants sont séquestrés chez mon mari et n'ont même pas le droit de me téléphoner !*». Après avoir une nouvelle fois fait remarquer que je n'étais plus son mari, je m'adressai à toi devant le juge, Rodrigue, pour te demander si je t'avais un jour interdit de téléphoner à "votre mère". Etonné, tu répondis par la négative. Puis ce fut le juge qui s'adressa à toi, Elodie, pour te demander la même chose. Même réponse. "Votre mère" insista et le juge répondit sèchement : « Ça suffit, nous verrons cela en septembre ! » Quelle bâche !

Ce furent alors nos vacances au Cap d'Agde. Quinze jours sympas, où vous vous étiez faits des copains ados. Tous les jours à la plage, du beau temps mais une mer très froide, quelques moments de liberté, des restaurants, la fête foraine, une mini croisière à bord de l'*Exploreur* pour découvrir les fonds marins...

Je vous ramenai chez "votre mère", le 31 juillet en fin d'après-midi, et toute ma vie je me souviendrai de cet instant, dernier moment de tendresse entre un père et sa fille, Elodie, me sautant au coup en me disant : « *Merci, Papa, pour ces chouettes vacances !* ». Je fis quelques courses avant de rentrer ce soir-là, mais quelle ne fut pas ma surprise de vous revoir tous les deux, en pleurs, assis sur le trottoir, devant chez nous, m'attendant, ayant refusé d'entrer quand Charlyse vous y avait invité. "Votre mère", ne voulant pas de vous ce soir-là, avait décidé que vous deviez rester chez moi et vous avait ramenés tout simplement. Il a fallu beaucoup insister pour qu'elle se décide à revenir vous chercher.

Nous avons passé, Charlyse et moi un excellent mois d'août, calme et tranquille, serein. Au tout début du mois, j'étais d'ailleurs revenu te chercher, Elodie, pour t'amener chez le Docteur NAVEAU pour terminer la pose de ton appareil dentaire : "votre mère", rappelle-toi, ne voulait pas s'en occuper.

Puis vint l'époque de la rentrée scolaire. Vous deviez passer la première semaine de septembre avec moi et j'ai attendu que "votre mère" vous ramène chez nous. J'ai attendu. Le lendemain du jour prévu, je téléphonai chez elle pour demander des nouvelles, voire des explications. Personne ne répondit. Au travail de "votre mère", on me raccrocha plusieurs fois au nez. J'appelai donc chez Dady pour avoir des nouvelles, me doutant bien que vous y étiez passés. Là, je tombai de haut. Didi refusa de me parler et me passa Dady. Celui-ci commença à me gueuler dessus comme un fou, en m'insultant, me disant entre autres : « *Vous êtes une ordure ! Avec tout ce que m'a dit Elodie, vous osez encore appelez chez moi !* ». Il me raccrocha au nez. Je n'ai jamais su "*tout ce qu'avait raconté Elodie*". Tu n'as jamais eu le courage de me le répéter, mais pour mettre ton grand-père dans cet état-là, tu avais dû y mettre la dose ! Quel contraste avec le moment où je vous avais quittés fin juillet et même début août pour toi Elodie ! Quelle violence dans ces propos ! Et quel changement dans votre attitude ! Comment "votre mère" avait-elle réussi à vous retourner comme des crêpes en moins d'un mois ? Je contactai alors mon avocat et déposai plainte pour "non-présentation d'enfants".

Tous les jours, je venais vous chercher chez "votre mère" et repartais bredouille. Quand vous me voyiez de la fenêtre, vous vous cachiez et refusiez de me parler. On vous faisait croire que j'allais vous emmener de force. Pourtant, la veille de la rentrée scolaire, Rodrigue, comprenant à la place de "votre mère" les conséquences de ce délit, tu acceptas de me parler et de me suivre, mais tu ne pus raisonner ta sœur. J'ai compris, mais bien plus tard, combien la culpabilité devait alors te ronger, Elodie, et combien tu hésitais à te présenter devant moi après tout ce que tu avais dit sur moi !

A la sortie de l'école, tu disparaissais et "votre mère" te reprenait derrière l'école, discrètement, comme une voleuse, persistant dans son délit. Je dus faire intervenir Monsieur FUGACE, pour qu'il te récupère dès la sortie de la classe et t'amène dans son bureau où je t'attendais. A ma demande, il déclara alors dans un certificat : « *Vendredi 11 septembre à 17 heures, Elodie a exprimé pendant une demi-heure son refus de repartir avec son père, refus accompagné de pleurs. Elle l'a finalement suivi après discussions. Par ailleurs, j'ai eu l'occasion de la revoir ce lundi matin avec son père : Elodie apparaissait détendue, souriante et satisfaite de son week-end.* ». Sans commentaires. Il est vrai que nous avions participé le dimanche au Forum des Associations de Voiron et que vous vous étiez payé le luxe, Séverine et toi Elodie, de gagner le micro-ordinateur Apple II en jeu !

Dès lors, nous attendions la prochaine audience, fixée au 14 septembre 1992. Lorsque je vous avais demandé si vous aviez fait un certificat complémentaire au juge pour cette audience, vous m'aviez répondu par la négative, mais quelle ne fut pas ma surprise de voir que chacun de vous l'aviez tout de même fait et écrit une page complète. Lors de cette audience, mon avocat, Maître OLLIVERAIE, reprit en détail l'ensemble des écrits de la partie adverse, dont le vôtre, parlant de diarrhée verbale pour celui de "votre mère" (je remarquai le sourire entendu du juge), s'insurgea, entre autres, contre la légèreté avec laquelle "votre mère" faisait fi de toute décision de justice avec ses non-présentations et fit, somme toute, une excellente plaidoirie. Puis, "votre mère" créa un certain nombre d'événements. Tout d'abord elle demanda au juge de vous réentendre immédiatement : « *Mes enfants ont été manipulés par leur père avant l'audition !* », affirma-t-elle et à cette fin, elle vous avait amenés au tribunal. Le juge, énervé par cette sortie, lui demanda : « *Les ai-je convoqués ? Avez-vous lu le compte-rendu d'audition, où je disais que "les enfants avaient parlé librement" ? Il n'était donc pas nécessaire de les réentendre* » et il ajouta : « *Ce n'est pas la place d'enfants dans un tribunal quand cela n'est pas nécessaire, leur place est à l'école, il me semblait vous l'avoir déjà dit ! »*.

La discussion qui suivit tourna curieusement car après toutes les critiques qui fusaient contre nous, Maître OLLIVERAIE réussit à faire dire par la partie adverse et par "votre mère" que finalement Monsieur FERS est un bon père.... Elle avoua également que c'était de sa faute à elle si la garde alternée n'avait pas marché et affirma être prête à faire des efforts pour que cela marche maintenant. Maître OLLIVERAIE demanda alors pourquoi on voulait me retirer "tout droit de visite et d'hébergement" si j'étais un si bon père ! Que de contradictions !

Puis "votre mère" fit cette curieuse confidence : *« Mon mari ne sait pas, mais j'ai changé, je ne suis plus la même, j'ai suivi un stage de "pensée positive" »*. Un ange passa, sourire aux lèvres, les ailes chargées d'ironie... Maître OLLIVERAIE, qui n'en perd pas une, susurra *« et bientôt la sérénité reviendra.. »*. et j'enchaînai avec : *« Si,si je sais, Madame fait ses courses à Carrefour ! "Avec Carrefour, je po-si-ti-ve..." »*. Eclat de rire général, peu courant dans ce genre de réunion et peu compatible avec la gravité du sujet discuté. Apparemment, seule "votre mère" n'avait pas compris la raison de l'hilarité générale... Dans la discussion qui suivit, elle annonça aussi son intention de se marier avec l'immonde guignol, histoire de faire croire à la stabilité de son aventure. Puis "votre mère" enchaîna (reprise une fois encore, elle ne disait plus "mon mari") : « Monsieur FERS monte tout en épingle ! ». Là le juge s'énerva vraiment : « Non, Madame, c'est vous qui montez les choses en épingle et d'ailleurs vos enfants l'ont confirmé juste à la sortie de l'audition avec vos histoires de téléphone ! ».

Cette remarque ne l'a pourtant pas arrêtée, malgré les appels du pied de son BARGE d'avocate car elle ré-attaqua avec des « Monsieur FERS fait des histoires... ». Le juge se leva alors d'un bond et, s'adressant à "votre mère", déclara : « Alors écoutez, Madame, les enfants en ont marre à cause de vous et de vos histoires ! ».

Cela a jeté un grand froid et un grand silence suivit. N'ayant plus rien à ajouter le juge leva la séance et mit le jugement en délibéré pour le 28 septembre, jugement qui fut d'ailleurs prorogé au 5 octobre 1992.

A la sortie de cette audience, Maître OLLIVERAIE et moi étions très confiants. Les paroles très dures du juge à l'encontre de "votre mère" n'étaient absolument pas en sa faveur. Ses écrits désordonnés, ses contradictions, sa "pensée positive" et les insultes de l'immonde guignol jouaient contre elle.

Sa sortie sur les stages de "pensée positive" me tarabustait, aussi, dès mon retour à la maison, je me renseignai sur ces fameux stages. Je n'allais pas très loin et consultai son journal favori : en effet, dans le 38, on trouvait des petites annonces, à côté des « *3615 ULLA* » et « *OSEZ LE RÉSEAU* », juste entre le Marabout AMADOU *"qui guérit tout"* et Madame GILDA, extralucide *"qui ne voit pas plus loin que le bout de son nez"*, trônait l'annonce suivante : « *PENSÉE POSITIVE : stage dimanche 18 octobre, adresse, téléphone...* ». Là, le Mage Claude ALCHEIK, y enseignait des techniques pour stimuler le pouvoir créateur de notre pensée..., pour être en harmonie et nous réaliser pleinement.... Autant de techniques d'initiation qui permettaient en fait à ce mage de recruter des adeptes pour la secte qu'il présidait. Et "votre mère" en faisait désormais partie ! Le pire est qu'elle vous entraînait dans cette spirale infernale et faisait de vous des adeptes passifs.

Eh oui, ce que je pressentais se confirmait. Ton attitude s'expliquait, Rodrigue, quand tu rabâchais en permanence les bons conseils de "votre mère", quand tu écoutais ses cassettes, quand tu récitais les litanies qu'elle te préparait, tout cela révélait un comportement sectaire. Cela me fit peur pour vous, mais déjà, là, c'était trop tard. Un instant j'ai craint que le juge ne donne raison à "votre mère". Ce qui me faisait le plus peur c'est de vous imaginer en permanence entre ses griffes sans avoir la possibilité d'agir en contrepoids comme je l'avais fait jusqu'à maintenant et de vous sortir de cette secte. Rodrigue, tu étais alors tellement attaché à ta mère, tu te considérais comme son "homme", celui qui commandait chez elle. Ne nous avais-tu pas dit un jour que l'immonde guignol n'était que ton assistant ? Sans une réelle présence masculine auprès de toi, un exemple d'homme, honnête (et c'est pas un guignol aussi immonde qui pouvait te servir de référence), ta vie pourrait basculer dans une névrose dont tu aurais énormément de mal à te sortir. Toi, Elodie, si fragile et si jeune, je craignais que ton innocence bascule complètement. J'avais déjà eu beaucoup de mal à te "récupérer" après ton refus de revenir à la maison dans le bureau de Monsieur FUGACE. A force de gentillesse, de tendresse, et grâce à la douceur de Charlyse, j'avais réussi à te faire comprendre que ce qu'on te racontait là-bas n'était pas forcément la vérité, que notre attitude n'était pas hostile mais qu'au contraire nous vous aimions tous les deux très fort et très tendrement. "Votre mère" effectuait sur vous deux une telle emprise que votre jeunesse vous empêchait de voir clairement son jeu et de comprendre où cela pouvait vous mener.

Le jugement tardait à arriver, puisque le juge le prorogea d'une semaine, semaine que vous avez passée avec moi. Votre attitude durant cette semaine était bizarre : voulant ménager la chèvre et le chou et voyant mon optimisme, vous ne saviez pas trop à quelle sauce vous alliez être mangés. En effet, si j'avais gagné ce procès contre "votre mère", vous deviez être avec moi et autant préparer le terrain et être gentils ! Aussi, contrastant avec votre attitude primaire de refus que vous affichiez au sortir des vacances d'avec "votre mère", vous nous parliez, nous racontiez votre journée et nous faisions même des projets. Je ne savais pas ce qui se passait dans vos petites têtes alors, était-ce la crainte d'être avec moi pour le reste de votre adolescence, était-ce la peur de ma réaction, moi *"si violent, parait-il"*, était-ce la peur du futur tout simplement, je ne le sais pas, mais peut-être pourrez-vous un jour me répondre à cette question.

Sincèrement, je pensais que le juge pencherait la balance en ma faveur et j'avais de bonnes raisons pour le penser. Mais au lieu de cela il accorda la garde de mes deux enfants à "votre mère" avec son immonde guignol, ne me laissant que les 1°, 3° et 5° week-ends du mois, la moitié des vacances scolaires en m'accordant, bien sûr, le privilège de payer une pension alimentaire de 3000FF par mois. Le juge considéra que... « *malgré la propension de la mère à communiquer ses propres angoisses à ses enfants, elle semble la plus apte à leur apporter la stabilité et l'affection dont ils ont besoin...* ». Cette dernière phrase me scandalisa. Si je comprenais que le juge ait pu prendre son temps pour juger une affaire aussi urgente qu'un référé (plus de 5 mois !), je ne comprenais pas qu'il ait pu justifier sa décision sur "l'affection" que pouvait vous donner "votre mère", affection quasi-inexistante comme vous le savez parfaitement. Je décidai donc immédiatement de faire appel de ce jugement.

LES CONSÉQUENCES ET LES SUITES DE CE JUGEMENT

Ce jugement déclencha à Echirolles un vent de folie. La joie, hors de toute proportion, que vous affichiez alors était plus qu'indécente ! Toujours au Collège André MALRAUX puisque c'est moi qui vous avais inscrit en début d'année, votre attitude à l'école s'y est ressentie de manière incroyable. Vous avez dès ce moment-là raconté à tout le monde que votre père vous avait abandonnés, vous vengeant du même coup sur Séverine que vous avez recommencé à persécuter.

Par contre, à la maison, votre attitude était toute autre. Le premier week-end que vous avez passé avec nous après ce jugement, le 17 octobre 1992, fut à l'image de tous ceux qui suivirent : je venais vous chercher chez "votre mère" le samedi vers 12h30, vous me disiez « *Bonjour !* », vous vous enfermiez alors dans votre chambre tout le week-end, puis quand je vous ramenais à Echirolles, le dimanche soir, vous me disiez « *Au revoir !* » C'étaient les seuls mots que vous daigniez prononcer devant nous pendant tout un week-end. Seuls, tous les deux, vous vous marmonniez à voix très basse les consignes de là-bas et vous vous taisiez dès que l'un de nous se rapprochait. Quand je vous parlais, vous ne répondiez jamais. Elodie, tu baissais la tête en permanence, tricotant nerveusement tes doigts que tu regardais avec insistance, rongée de culpabilité, n'osant jamais relever la tête de peur de trahir tes sentiments confus. Rodrigue, plus insolent, tu me toisais avec arrogance d'un air de dire : « *Tu peux dire ce que tu veux, j'en ai rien à faire !* » et tu ne répondais pas plus que ta sœur. Là encore, on sentait toute le conditionnement psychologique auquel vous étiez soumis, comme à chaque fois d'ailleurs, avant de venir chez nous : « *Soyez forts... ne répondez pas... laissez dire... votre famille c'est ici, pas là-bas... bientôt la sérénité reviendra...* ».

Toi, Rodrigue, je ne t'autorisais pas à quitter la table tant que tu ne finissais pas ton assiette. Comme "votre mère" s'était bêtement plainte au juge que tu ne mangeais pas à ta faim, je t'en servais une pleine assiette et parfois même tu devais en reprendre. "Votre mère" aurait bien été capable de me faire un autre procès parce que tu mangeais trop ! Tu jouais alors devant nous ton grand fier mais tu finissais ton assiette toujours sans dire un mot. Parfois tu nous faisais pitié, mais je crois que là, vous aviez tellement exagéré que tu avais besoin d'une leçon.

Je trouvais votre attitude à tous les deux tellement écœurante, lâche et pleine de traîtrise que je ne pouvais plus le supporter. L'ambiance à la maison était si exécrable quand vous étiez chez nous que c'en était insupportable.

Le samedi suivant, le 24, Rodrigue était seul à l'école et je dus aller te chercher, Elodie, chez "votre mère" qui trouva cela très amusant et se foutait de ma gueule par la fenêtre. C'était les vacances de la Toussaint que vous avez, là encore, passées prostrés dans votre chambre, ne sortant que pour venir manger. La maison de Tisserand étant en vente, nous avions un acheteur et nous commencions à faire les paquets et les cartons. Rodrigue, tu m'as demandé, puisque maintenant vous viviez là-bas, si vous pouviez emmener vos affaires chez "votre mère", ou enfin ce qui en restait, car il y a bien longtemps déjà que vous transfériez des affaires sans les ramener. L'insolence et l'ironie de ta question m'ont piqué au vif : je sortis quelques cartons et la remorque et vous demandai de tout emmener immédiatement et de ne rien laisser, cela me ferait autant de moins à déménager ! Vous avez passé la fin de l'après-midi à ranger vos affaires et mettre dans la remorque et la voiture tout ce qui restait : jouets, livres, habits, vélos. J'ai refusé que tu emmènes tes coupes et tes médailles, Elodie, car elle n'avaient rien à faire chez "votre mère", qui n'avait jamais levé ne serait-ce qu'un cil pour te soutenir et t'aider à les gagner. J'ai refusé aussi que vous emmeniez votre chaîne HiFi et la télé pour que vous ayez au moins quelque chose quand vous reviendrez. J'étais alors bien loin de m'imaginer que, bientôt, vous ne reviendriez plus jamais.

Un peu avant 19h, nous avons débarqué l'ensemble de vos affaires sous le préau devant chez "votre mère" quand l'immonde guignol sortit en gueulant et commença à m'agresser, ce que j'ai déjà raconté un peu plus haut. Vous avez assisté à la scène, vous savez exactement comment cela s'est passé. Vous avez vu que c'est l'immonde guignol qui a commencé à me bousculer, attendant bien que j'ai le dos tourné, et m'a frappé le premier et donné des coups de pied lorsque j'étais à terre, vous avez vu qu'il m'avait volé mes clés de maison (et non de voiture)... et qu'avez-vous donc fait ? Rien ! Rien sinon que d'affirmer auprès de la police que c'est moi qui avais commencé, que c'est moi qui lui avais cassé ses lunettes, que c'est moi qui avais abîmé sa voiture ! Lui n'avait rien fait, le pauvre petit guignol immonde ! Vous n'avez rien fait sinon de trouver tout à fait normal que je ne revoie jamais mes clés et de trouver tout à fait normal de vivre chez un immonde violent, menteur et voleur. Là encore, vous vous êtes conduits comme des lâches et des petits salauds.

Dès lors, votre visite bi-mensuelle à la maison était devenue pour Charlyse et moi un véritable calvaire. Nous pensions qu'avec le temps, votre agressivité ainsi que "votre mère" se calmeraient, mais malheureusement, il n'en fut rien. Dotée d'une toute nouvelle légitimité judiciaire, "votre mère" se crut tout permis. Les coups de fils anonymes reprirent de plus belle, complétés par les vôtres venant de l'école pendant les récréations, les télégrammes, les lettres recommandées aussi. J'avais déjà décidé depuis juillet de faire le mort et de l'ignorer complètement. Dès qu'elle appelait, même pour vous, je raccrochais immédiatement. Je ne supportais plus ses incursions dans notre vie, dans notre intimité, ni sa manière de vous rappeler à l'ordre quand vous étiez chez nous. Déjà en juillet, elle avait tenté de vous téléphoner tous les jours et je raccrochais. Dix fois de suite elle avait recommencé, puis envoyé son chien de garde de guignol immonde qui "exigeait" de vous parler, mais n'ayant absolument aucun droit, je lui ris au nez ! Je désirai couper tous les ponts avec ces gens malfaisants et retrouver un peu de tranquillité après tous ces événements. Connaissant "votre mère", ce fut très difficile.

Pour régler une bonne fois ce problème de coups de fil, nous avons déposé une plainte auprès de la gendarmerie de Voiron, demandant de faire une enquête pour statuer officiellement sur la provenance des coups de fil. L'officier de gendarmerie que nous avons rencontré proposa de contacter "votre mère" pour lui expliquer ce qu'elle risquait si elle continuait et lui dire que mon numéro était désormais sous contrôle. Comme par magie, les appels s'arrêtèrent immédiatement ! La preuve était faite !

Ne pouvant plus nous porter atteinte de ce côté-là (mon téléphone resta sous contrôle à ma demande pendant plus de 6 mois), "votre mère" trouva un autre moyen de me nuire. Bien que j'eus versé à temps la pension, elle ne fit rien de moins que d'envoyer un huissier chez BULL pour faire une saisie sur salaire, une fois encore histoire de me discréditer aux yeux de mon employeur. Je dus prouver à cet huissier que cette pension était normalement versée pour faire arrêter la procédure. Je dus d'ailleurs payer les frais d'huissier qu'elle ne m'a jamais remboursé. De même, "votre mère" trouva aussi très malin d'appeler le service du personnel chez BULL pour faire connaître le jugement, ce qui a eu pour effet immédiat de vous rayer des listes des enfants BULL et, bien sûr, de vous supprimer le beau cadeau que BULL offrait pour Noël.

Près de ses sous, "votre mère" me fit aussi envoyer la facture de cantine du premier trimestre. Devant mon refus de payer puisque je n'avais plus la garde et que je payais une pension, elle exigea de Madame VIVET du collège André MALRAUX de me faire payer au prorata de votre présence. Sa lettre montrait, sans aucune pudeur, son côté rapiat puisqu'elle exigeait même les centimes d'une opération extrêmement compliquée où elle faisait une règle de trois des jours de cantine et me comptabilisait les jours où vous étiez avec moi. De tels comptes d'épicier ne pouvaient pas venir entièrement d'elle et on sentait la griffe de l'immonde guignol. J'ai payé uniquement pour ne pas faire d'histoires au collège puisque Séverine y était encore scolarisée. Par contre, toujours dans le même contexte, elle refusa de me rembourser les frais de ton voyage en Allemagne, Rodrigue, que j'avais entièrement payé et que tu effectuas après le 5 octobre. De même, elle n'hésita pas une seconde à me faire envoyer les factures de l'orthodontiste, de l'oculiste, et des cours de guitare qu'elle avait pourtant reçues après le 5 octobre ! Elodie, tu avais déjà abandonné la natation, et il n'était pas question pour moi de faire une fois de plus le forcing pour t'encourager ni d'engager des frais dans ce domaine.

Cette année scolaire fut pour tous absolument exécrable. Mon état de santé s'était détérioré et vous n'avez même pas eu, ne serait-ce que la politesse élémentaire de demander de mes nouvelles, lorsque Charlyse vous annonça mon hospitalisation : complètement indifférents, vous avez fait comme si de rien n'était. De même, vous étiez chez nous pour la fête des pères mais ce jour fut pour vous un jour comme les autres, et seules Séverine et Charlyse non seulement me souhaitèrent cette fête mais aussi me firent de gentils cadeaux, vous n'avez pas bronché. Bien sûr, je ne parle pas de mon anniversaire dont j'attends encore le cadeau que tu m'avais promis, Rodrigue...

Un jour je reçus une lettre, puis un coup de fil l'un entraîneur de volley demandant que tu ailles, Elodie, à un entraînement ou une compétition un dimanche où tu étais avec moi. Je n'ai jamais répondu à cette demande. En effet, j'estimais que c'était à toi d'en faire la démarche et de me le demander. Mais la culpabilité qui te rongeait, la honte aussi peut-être, mais surtout ta lâcheté t'ont empêchée de me dire que tu avais abandonné la natation pour faire plaisir à "votre mère". Tu étais prisonnière de ce carcan qu'elle vous imposait, prisonnière de ses propos mensongers à mon égard et tu n'as jamais osé m'en parler de peur de ma réaction. Pourtant, un mot de toi et j'étais d'accord. Alors, comme d'habitude, tu as passé ton week-end enfermée dans ta chambre, sans un mot.

Votre attitude à l'école contre Séverine a été sans pareil et dans le domaine de l'odieux, vous êtes passés maîtres ! Plus d'une fois vous avez réussi à monter les copains contre elle, elle dut même essuyer des coups, sous vos yeux, tandis que deux garçons la maintenaient. J'ai dû intervenir plusieurs fois auprès de Monsieur FUGACE pour qu'il fasse en sorte que vous arrêtiez de la persécuter. Vous avez alors réagi en faisant un peu partout des graffitis pornographiques : « *Charlyse fait des pipes pour 400 francs* » où le nom de Charlyse et mon numéro de téléphone apparaissait en clair ! J'en ai d'ailleurs pris des photos avant de les faire effacer, l'un sur un mur de l'école, l'autre sur un mur du gymnase. Ce ne pouvait être un hasard, car des Charlyse sur Voiron, il n'y en a qu'une seule et le numéro de téléphone était bien celui de la maison ! Je n'ai jamais su duquel de vous deux venait ce nouveau coup bas, mais quelle importance, puisque je sais que vous en étiez au courant tous les deux !

Mais c'est toi, Elodie, qui a atteint le summum dans la traîtrise et dans l'odieux. Plusieurs appels de petites filles me sont parvenus, dont deux enregistrés sur le répondeur, demandant à parler à Jean-Paul, disant qu'elles avaient vu mon "annonce" dans les toilettes du Conservatoire et « *qu'elles aussi aimaient bien baiser* ». Après enquête auprès du directeur du Conservatoire de Grenoble, Monsieur LODEON, il s'avéra que c'était à ta copine Linda MARTIN, et tu me le confirmas par écrit, que tu avais demandé d'écrire ce graffiti porno dans les toilettes-dames du Conservatoire : « *Je m'appelle Jean-Paul, j'aime bien baiser, appelle-moi au... !* », suivi là encore de mon numéro de téléphone ! Je conserve toujours ces appels enregistrés ainsi que la lettre de Monsieur LODEON me le confirmant !

J'ai alors vraiment commencé à comprendre combien tu étais atteinte, Elodie, par l'esprit de destruction de "votre mère" et par sa méchanceté. J'ai découvert une nouvelle face de ma petite fille, que malgré tous les événements, j'aimais profondément. J'ai compris que j'étais devenu pour toi un ennemi et que la guerre que tu me portais serait sans merci. Déjà, au collège, lorsqu'il m'arrivait d'y venir pour rencontrer tel ou tel professeur ou même le proviseur et de t'y croiser dans les couloirs, tu passais faisant semblant de ne pas me voir... J'ai compris que je ne pourrais pas lutter devant le travail quotidien de "votre mère", ni devant tant de bêtise et tant de méchanceté.

Mon attitude envers vous deux a alors définitivement basculé. En juin, j'ai écrit une lettre que je reproduis intégralement dans le chapitre suivant. J'y dénonce sans ménagement votre attitude et ce que vous et "votre mère" nous avez fait subir. Et pour être sûr que vous entendiez au moins une fois ce que j'avais sur le cœur, je vous ai lu cette lettre à haute voix et vous en ai donné une copie papier. Dès lors, votre attitude étant toujours la même, je ne m'intéresserais plus à vous. D'ailleurs, vous n'étiez pas trop intéressés de faire quoi que ce soit avec moi : j'ai été très déçu, par exemple, que vous ne me demandiez pas de faire votre stage de troisième en entreprise avec moi chez Bull comme le fit Séverine. Cela allait parfaitement avec la logique de "votre mère" mais finalement, c'est peut-être mieux ainsi.

Entre temps, Maître OLLIVERAIE me fit savoir, avec étonnement, que "votre mère" avait appointé les services d'un avocat pour vous deux ! Un instant, j'ai cru que vous aviez fait une grosse bêtise, mais la réalité était pire que ce que je pensais : vous aviez besoin d'un avocat pour vous défendre ! Contre quoi, grands dieux ! Je pris alors immédiatement contact avec cet avocat, Maître RIZZOTTO, afin de la rencontrer et de lui donner ma version des faits, mais surtout pour lui faire prendre conscience que mes enfants avaient été beaucoup trop mêlés à toutes ces péripéties judiciaires et qu'il n'était pas nécessaire d'en rajouter. Elle refusa de me rencontrer seul. Je lui demandai alors de me rencontrer avec mes enfants pour avoir au moins une chance de pouvoir parler ensemble. Elle me répondit qu'elle vous demanderait votre accord et qu'elle reprendrait contact avec moi. J'ai rappelé en vain plusieurs fois, mais à chaque fois elle me renvoyait par l'intermédiaire de sa secrétaire. Bien entendu, quand je vous demandais pourquoi vous aviez un avocat, bouche cousue !

Puis, nous avons déménagé, dans cette grande maison qui est aujourd'hui la nôtre. En mauvais état, elle nécessitait de grands travaux que nous avons entrepris avec beaucoup d'ardeur et de courage. Votre aide a été plus que succincte au début, mais il ne fallut pas très longtemps, après les « *Vous n'êtes pas chez vous... ne les aidez pas...* », pour que vous ne fassiez absolument rien pour nous aider. Qu'importe !

En déplacement professionnel aux Etats-Unis en juillet, j'en profitais pour emmener Charlyse et Séverine et nous passâmes 15 jours extraordinaires de vacances. Le juge ayant défini vos vacances avec moi en août, vous ne pouviez pas être du voyage... Pourtant, c'était pour moi un rêve de longue date que de vous emmener avec moi aux US... Mais maintenant, les conditions étaient toutes autres et mes rêves étaient bien loin. Il me semblait que mon avenir devrait désormais se faire sans vous. Il ne me restait plus beaucoup d'espoir.

Pourtant, je ne baissais pas encore les bras. En août 1993, pour vos vacances avec moi, comme vous continuez à rester prostrés et confinés dans vos chambres respectives comme à votre habitude, je décidai de vous "montrer" à mon oncle Jeannot de Bormes-les-Mimosas. J'avais espéré que celui-ci comprendrait la situation et arriverait à vous raisonner un peu, mais votre hostilité était bien trop ancrée et ce fut peine perdue. Vous avez même réussi la performance de me faire passer pour un père tortionnaire à ses yeux !

A votre retour, rien n'avait changé. Je cherchais alors conseil un peu partout car je pensais qu'il était encore possible pour moi de vous sortir de cette prostration : je pris contact avec Madame BONNARD (vous vous souvenez, le panier à disputes !) et lui demandai un rendez-vous. Celle-ci se souvenait très bien de vous et se remémora les concessions que j'avais faites pour arriver à une garde alternée. Elle me dit alors que si je ne l'avais pas demandée avec tant d'insistance, cette garde alternée, jamais elle n'aurait accepté cet arrangement compte tenu de l'état de "votre mère". Elle m'écouta avec beaucoup d'attention et mon histoire l'effraya. Elle me dit : « *Il n'y a plus rien à faire. Cette situation va devenir explosive. La seule chose qui vous reste est d'attendre que ça "pète" là-bas !* » Puis elle me conseilla d'écrire au juge pour lui demander une révision des dispositions du droit de visite. Elle me dicta même une partie du courrier que je décidai, en accord avec mon avocat, d'envoyer au JAM au plus vite.

Dans ce courrier, après avoir expliqué la situation catastrophique dans laquelle vous vous trouviez, je demandai que le jugement soit révisé afin que, désormais, vous décidiez seuls de venir chez moi, quand vous le souhaitiez et non à des dates et heures imposées. Mon idée était de vous responsabiliser, de vous faire prendre conscience vous-mêmes de la réalité et de vous laisser seuls faire votre choix.

Après des fêtes de fin d'année qui n'en furent pas, nous fûmes convoqués pour une nouvelle et dernière audience pour le 31 janvier 1994. Un nouveau juge nous attendait auquel je dus raconter votre histoire. Maître OLLIVERAIE, absent, s'était fait représenter par un de ses amis, Maître BENITO. "Votre mère", qui avait encore changé d'avocat, s'était également faite accompagner de Maître RIZZOTTO, votre avocate. Celle-ci n'eut même pas la correction de me saluer et fit comme si je n'existais pas. Comme tout le monde était d'accord, ce ne fut pas très long, le juge m'accorda ce que je demandais et le jugement fut rendu immédiatement. Maître RIZZOTTO prit la parole une seule fois pour affirmer haut et fort qu'il n'était absolument pas question pour mes enfants de ne plus voir leur père et qu'ils iraient le voir très régulièrement, ce que "votre mère" confirma bruyamment. Décidément, l'hypocrisie n'a vraiment pas de limites !

La suite, on la connaît, en deux ans, Rodrigue tu vins nous voir une seule et unique fois, deux mois plus tard, à Pâques, uniquement parce que tu savais que François venait à la maison pour nous présenter

Corinne, au mariage desquels vous n'avez même pas daigné assister de peur de m'y rencontrer. Je n'ai jamais reçu le moindre coup de fil ! Elodie, tu vins plusieurs fois en vacances chez des copines à Voiron, mais pas une fois tu ne pris contact avec moi. Il était, sans doute, plus revalorisant d'affirmer à Madame MOULIN : « *Mon père nous a abandonnés et ne veut plus nous voir !* », ce qui te donnait de bonnes excuses mais surtout permettait de me faire passer à Voiron pour ce que je n'étais pas et de continuer à me nuire de loin ! Encore Madame MOULIN n'a-t-elle pas voulu me répéter tout ce que tu avais bien pu raconter chez elle ! Mais vois-tu, Elodie, on peut trahir les siens, ceux qui vous aiment, mais on sait que l'on fait mal ; on peut mentir aux autres, mais on ne peut pas se mentir à soi-même. Seule devant son miroir, on apparaît telle que l'on est et on voit ce que l'on vaut.

LETTRE À MES ENFANTS
JUIN 1993

Dans le volumineux dossier que je conserve sur tous ces événements, j'ai retrouvé une lettre que je vous avais lue par un beau samedi de juin 1993 alors que nous mangions dehors. Votre attitude prostrée n'avait pas changé d'un pouce depuis le jugement, mais par contre à l'école, vous redoubliez d'imagination pour nous faire les pires crasses. Comme vous ne me répondiez jamais quand je vous parlais, j'avais décidé de vous écrire une lettre et de vous la lire avant que vous ne quittiez la table afin d'être sûr que vous en ayez pris connaissance. Cette lettre est en fait un résumé sur la situation à l'époque. Elle n'a d'ailleurs absolument rien changé à votre attitude par la suite, et est, malheureusement, restée d'actualité !

Voici le contenu de cette lettre, telle que je vous l'ai lue, je ne l'ai absolument pas modifiée :

I - SITUATION, JUIN 93 :

C'est un drôle d'anniversaire que je voudrais aujourd'hui signaler. Depuis un an, un certain nombre d'événements se sont produits dans notre vie et je crois qu'il est grand temps de faire le point.

Sans vouloir reprendre un à un tous les faits de cette triste affaire, je voudrais cependant vous dire mon profond dégoût et combien j'ai été blessé, voire choqué par tout cela.

1) Tout d'abord je reste choqué par la manière dont le procès a été mené :

* en référé (c'est-à-dire en urgence, y-avait-il urgence ?)
* aucune tentative pour un rapprochement à l'amiable,
* que des enfantillages
* un dossier vide (yaourts) avec des faux témoignages, etc.

Un dossier tellement vide, qu'au vu du sérieux du mien, la partie adverse s'est sentie obligée de présenter un dossier complémentaire "en délibéré", c'est-à-dire hors débat, c'est-à-dire encore par derrière, dans le dos

Une copie de ce dossier nous a été remise le vendredi 12 juin, soit tout juste avant la date annoncée du rendu du jugement. Toutes les photocopies étaient volontairement blanches, illisibles et d'ailleurs aujourd'hui, nous n'en avons toujours pas eu connaissance. Nous avons apprécié la loyauté du procédé...

Ce dossier ressemblait étrangement au nôtre : lettre de madame et de monsieur, certificats de la famille, Dady, Didi, photos etc... Ca ne fait vraiment pas très sérieux

2) Le deuxième point, c'est le contenu des lettres de votre "mère" et de son guignol de ce dossier complémentaire qui m'a particulièrement choqué.

Jamais je n'aurai pensé trouver autant de violence dans des propos soumis à un magistrat, aussi bien de la part de cette femme que de la part de cet individu, mais apparemment, vous trouviez ça normal.

Jamais, à mon avis, une personne sensée, mature ou responsable, qui se voit taxée de "paranoïa délirante", n'aurait ainsi apporté à la défense et sur un plateau la preuve de ce qui a été avancé. Cette femme est vraiment incapable de se rendre compte de ses actes ainsi que de son état.

3) En troisième point, j'ai été profondément choqué par votre non-présentation préméditée (7-sept-92), de votre extravagante séquestration, où malgré l'intervention des forces de l'ordre (8-sept-92), elle m'empêcha d'exercer mon autorité parentale, et je n'ai pu ni vous récupérer, ni même vous embrasser avant le 10-sept. Le guignol, au lieu de ramener cette femme à la raison, s'est d'ailleurs fait le complice de la situation.

Jamais je n'aurai pensé qu'elle puisse pousser l'irresponsabilité jusqu'à faire constater son délit par un huissier (8-sept-92)...

A ce moment, vous étiez séquestrés, sans possibilité de m'appeler, ni moi de vous joindre, le téléphone et la sonnette étant coupés. Vous étiez à ce moment embrigadés et conditionnés à tel point que vous n'étiez même plus capables de vous rendre compte de la gravité de la situation ni de savoir ce que vous deviez faire.

Vous vous rappellerez sûrement le scandale qu'elle fit, hors débat, dans la salle des pas perdus justement au sujet du téléphone lors de votre audition par le juge, prétendant au juge que je vous empêchais de lui téléphoner (7-juillet-92)...

L'affaire ne s'est pas arrêtée là puisqu'elle reprit Elodie à la sortie de l'école, alors que je n'avais toujours pas pu l'embrasser (Jeudi 10 septembre, 16h30)...

4) Puis, j'ai été bouleversé et profondément blessé en constatant votre extraordinaire agressivité à mon égard. Lorsque j'ai enfin pu vous contacter, Elodie me raccrocha au nez par deux fois.

Quel contraste avec ce qu'Elodie m'avait dit en me quittant le 31 Juillet « Merci mon petit Papa pour ces vacances, c'était super ! ». Quel contraste avec ce jour de la première semaine d'août lorsque je t'amenai chez le dentiste pour ton appareil, cette "mère", je vous le rappelle, ne voulait pas s'en occuper. Il est vrai, qu'entre-temps, vous étiez restés 1 mois chez cette "mère"... tout est là ! Je n'ose pas imaginer le travail de conditionnement, d'intoxication et de manipulation auquel vous aviez alors été soumis.

Quand j'ai pu enfin récupérer Elodie à la sortie de l'école, vendredi 11 septembre à 17h, (la "mère" l'attendait), le principal a pu constater combien elle était remontée contre moi (voir certificat).

Une fois à la maison, une heure après, Elodie était redevenue elle-même, la pression (qui semblait insupportable pour elle) était retombée, et c'est soulagée qu'elle venait naturellement me faire des câlins et me raconter ses vacances...

Cette fois-là, nous avons passé un excellent week-end en famille : Elodie et Séverine se sont même payées le luxe de gagner, ensemble, le micro-ordinateur mis en jeu lors du forum des Associations de Voiron, le samedi après-midi. Rodrigue me parlait de ses projets avec ses copains et sa classe (Allemagne). Elodie est retournée à l'école le lundi matin détendue et souriante, comme a pu le constater le principal (voir certificat).

Je voudrais vous rappeler que pour la rentrée, vous n'aviez aucune fourniture solaire, pas même un cahier... cette "mère" ne s'en était même pas préoccupée. Elle ne s'est pas non plus inquiétée de l'appareil dentaire d'Elodie.

5) Enfin, depuis ces vacances d'août, vous aviez beaucoup changés, vous étiez différents, distants, mais dès la date du jugement, vous vous êtes installés, quand vous étiez chez nous, dans une incroyable attitude de silence, refusant tout contact, m'évitant, ne parlant pas, ne répondant à aucune question et m'ignorant complètement. Il a fallu que j'insiste lourdement pour que Rodrigue daigne enfin, trois semaines après, me parler de son voyage en Allemagne, que j'avais pourtant entièrement payé, je le rappelle. Votre attitude s'est confortée tout au long de l'année où vous vous enfermiez dans votre chambre, le week-end durant

sans dire un mot.

Par contre, à l'école, là, c'était différent ! Vous avez fait montre d'une agressivité sans pareil contre Séverine et vous vous y êtes mis à deux pour monter tout l'établissement contre elle. Tout était bon ! Entre les appels de cette "mère" aux mères des copines et les mensonges que vous avez débités sur mon compte (que j'avais plein de maîtresses et que c'est pour cela que cette pauvre "mère" avait demandé le divorce, que je vous battais pour obtenir des papiers écrits de votre main, que je vous obligeais à souhaiter l'anniversaire de Charlyse, que je vous avais abandonnés, rejetés...), les calomnies et les insultes proférées régulièrement contre Charlyse et Séverine, les graffitis pornographiques, les coups de fil anonymes, les menaces, vous avez mis le paquet. Malgré toutes mes mises en garde, dont vous n'avez jamais tenu compte, vous avez redoublé de méchancetés gratuites et surtout incité les autres à avoir la même attitude (certains venant même reprocher à Séverine : « Comment peux-tu accepter de vivre avec ton beau-père qui bat ses enfants ? »).

Que peut-on donc penser de ce soit-disant sentiment d'injustice que vous avez affiché lors du procès, quand vous faites subir aux autres ce type de torture ? Que peut-on penser de votre hypocrisie, quand, après tout cela, vous osez faire la bise à Séverine alors que justement, devant le juge, vous accusiez Charlyse d'hypocrisie ? Que pensez aussi de ces non-présentations auxquelles vous avez prêté tout naturellement votre concours ?

II - DÉCISION DU JUGE ET SES CONSÉQUENCES :

D'abord, je voudrais souligner le fait que dans toute cette affaire, cette "mère" n'a apporté aucun élément solide. Il n'y avait que des affirmations mensongères et vos propos rapportés, systématiquement déformés.

Tout ce qui nous fut reproché ne trouvait son fondement que dans le délire de cette "mère", et n'est en fait que le reflet projectif de sa propre attitude, de ses angoisses, qui s'expriment par un délire permanent :

* la violence, les mensonges, la bassesse, l'hypocrisie, la malhonnêteté
* les contradictions, les histoires, l'égocentrisme
* le conditionnement et l'utilisation d'enfants à ses fins

 Je dirai également :

- que l'attitude globale de cette femme est réellement contagieuse pour son entourage et a malheureusement déteint sur vous

- qu'elle ne se rend absolument pas compte du traumatisme que sa propre attitude vous a occasionné en se servant de vous

- qu'elle n'agit, de manière irresponsable, que pour assouvir sa propre vengeance personnelle

- que vous auriez dû rester en dehors de sa petite guerre et surtout de ses délires, mais qu'on vous a trempé dedans jusqu'au cou et que ça vous a plu, trop contents de faire des vacheries à Charlyse

- que vous avez volontairement agi dans ce sens pour faire du mal

- que puisqu'elle a obtenu l'autorité sur vous, elle a dû vous scolariser à Voiron puisque vous n'étiez inscrits nulle part ailleurs, vous obligeant ainsi à continuer ces fastidieux trajets quotidiens, tout en vous obligeant à des permanences inutiles, un comble !

Malgré cela et contre toute attente le juge a donné la préférence à cette "mère" la désignant, malgré ses angoisses (sic) comme la plus apte à vous éduquer et m'a condamné à lui payer une amende de 3000F par mois.

J'en ai été personnellement révolté et écœuré. Comment cette femme :

- qui n'a pas arrêté de faire des histoires depuis le début,

- qui vous a manipulé en vous montant contre Charlyse et contre moi,
- qui vous a encouragé à mentir et à voler,
- qui n'a aucune autorité sur vous,
- qui a utilisé des faux témoignages,
- qui a écrit une lettre complètement délirante au juge,
- qui s'est permise de m'insulter et surtout d'y insulter Charlyse,
- qui s'est permise tous les mensonges,
- dont le père (Dady) me traite d'"ordure" et de "saloperie",
- qui vit chez un individu qui m'a tapé dessus, devant vous, lequel a écrit au juge une lettre pleine d'insultes à mon égard,
- qui suit des stages de PENSEE POSITIVE,
- qui a reconnu devant le juge que c'est à cause d'elle que la garde alternée ne marchait pas et qui lui a avoué qu'elle était prête à faire des efforts pour que maintenant ça marche,
- que même le juge a accusée de faire des histoires et de tout monter en épingle,

oui, comment a-t-elle pu avoir la garde ?

Il n'y a malheureusement pas 36 solutions... et avec du fric, on achète tout et quand on est malhonnête, on se permet tout...

Que pouvait-il alors se passer : soit je faisais appel

de cette décision, soit je laissais faire.

Dans le premier cas, la guerre continuait et vous alliez encore inventer pleins de trucs dégueulasses pour m'enfoncer, pour que ça paraisse plus vrai et rester chez cette "mère" ; je vous faisais confiance pour cela, vous aviez été parfaits dans ce rôle jusque là et compte tenu des conditions du premier jugement, ça aurait pu ne rien changer.

Dans le deuxième cas, je pensais que ça en serait fini des histoires, qu'elle avait ce qu'elle voulait, que vous aviez ce que vous vouliez, qu'elle nous foutrait la paix une fois pour toute, et que vous retrouveriez enfin le calme. J'aurais pris alors mes dispositions pour m'adapter à cette nouvelle vie et pour vivre sans vous puisque vous ne vouliez plus vivre avec moi.

Jusqu'à présent, nous avions, Charlyse et moi, toujours vécu en fonction de vous, on invitait nos amis quand vous étiez là, je prenais mes vacances pour être avec vous, on sortait ensemble et quand Séverine voulait faire une fête, elle attendait que vous soyez avec nous, etc. Nous cherchions sans arrêt de nouvelles activités pour vous en faire la surprise (chiens de traîneaux, par ex.), de nouveaux restaurants et on faisait le maximum pour vous faire plaisir. Chaque fois que Charlyse achetait un vêtement à Séverine, elle prenait le même pour Elodie. A Rodrigue, elle lui achetait des chemises, des pantalons. Charlyse nous préparait de délicieux petits plats que Rodrigue appréciait d'ailleurs beaucoup et il y avait toujours des gâteaux pour les anniversaires ou les boums. Mais là, si je ne faisais pas appel, et dans la mesure où vous aviez délibérément choisi votre camp et pris vos responsabilités, notre vie ne saurait être la même et ne pourrait plus du tout être conduite en fonction de vous.

Vous savez maintenant que j'ai décidé de ne pas faire appel, mais vous ne savez pas pourquoi. Peut-être vous le dirai-je un jour. Par contre, à cette annonce, j'ai appris que vous aviez fait la fête là-bas. J'ai apprécié votre sollicitude à mon égard ! Aujourd'hui, pourtant, je pense que c'est parce que je n'ai pas fait appel qu'Elodie raconte à qui veut l'entendre à l'école que je vous ai abandonnés, rejetés et qu'elle dit tant de mal sur moi à ses copines.

III - ET MAINTENANT :

Alors que se passe-t-il pour vous maintenant ? C'est très simple :

- le juge a considéré que cette "mère" avait raison, alors elle a raison
- le juge a dit que ce que vous aviez dit est "vrai ",

alors ce que vous avez dit est vrai.

Vous êtes donc de pauvres petites victimes et je suis l'immonde salaud qu'elle a décrit. Je me demande d'ailleurs bien pourquoi le juge a accordé à un tel salaud le droit de visite que cette "mère" voulait tellement lui voir retiré ! Je me demande bien pourquoi vous, vous continuez à venir chez ce salaud après tout ce que je vous ai fait (comme disent vos copines), et après vous avoir ainsi rejetés et abandonnés.

Mais tout cela ne va pas sans conséquences !

- chez nous, c'est un enfer : mais là, rien n'a changé ni ne changera
- Charlyse est méchante et hypocrite : elle ne changera pas
- nous ne sommes pas une famille : alors nous ne serons plus une famille (on ne peut pas être des enfants de guignol et des FERS, n'est-ce pas ?
- Séverine n'est pas votre sœur : elle ne le sera donc plus
- alors que vous avez tout fait pour éjecter Charlyse et Séverine de la maison : c'est vous qui en partez et qui n'y êtes plus chez vous ; le plus marrant, c'est que maintenant vous n'avez même plus de maison à vous puisque vous vivez chez le guignol de cette "mère" !
- vous ne mangez pas à votre faim : vous prendrez ce

qu'on vous donne

- elle a dit que vous n'aviez pas le droit de téléphoner : alors vous ne téléphonerez pas, d'ailleurs comme vous ne me téléphonez jamais !

- vous dites que Charlyse ne vous achète rien : il n'y a plus aucune raison qu'on vous achète quoi que ce soit (voir soutien-gorge offert à Elodie par Charlyse et retrouvé dans la poubelle)

- vous dites que Charlyse ne lave pas votre linge : il n'y a plus de raison qu'elle le fasse et vous vous en occuperez vous-mêmes

- rien ne sera plus comme avant : je vais vivre pour moi, nous allons vivre pour nous

- vous pensiez avoir gagné : vous avez tout perdu... Je suis très triste de voir combien vous vous êtes faits avoir, comment on vous a utilisés, manipulés mais surtout comment vous vous êtes faits volontairement complices de la situation en en rajoutant.

... alors, ne venez surtout pas vous plaindre !

IV - VOTRE ATTITUDE :

J'ai déjà vu souvent des pères abandonner leurs enfants pour suivre une femme, en général une pute, mais c'est la première fois que je vois le contraire et des enfants ainsi abandonner leur père.

J'ai déjà eu l'occasion de vous dire combien vous m'aviez déçu, combien j'étais écœuré par votre attitude mais je ne pense pas que vous connaissiez la profondeur de mon dégoût. N'oubliez jamais que tout cela est arrivé grâce à vous, à cause de vous ; avec toute votre méchanceté et vos calomnies, vous n'avez cherché qu'à faire mal, à me faire mal, à blesser Charlyse, à atteindre Séverine, gratuitement. Et pourtant vous avez bien vite oublié tout ce que nous faisions pour vous, tout ce que Charlyse faisait pour vous.

Après le jugement, j'ai pensé que tout le monde serait content et qu'on allait enfin avoir la paix. Eh bien non, c'était bien mal vous connaître : les coups bas ont redoublé, les magouilles en tout genre, les affirmations mensongères et calomnieuses savamment distillées par Elodie à ses camarades de classe, les coups de fil anonymes de cette "mère" auxquels vous participiez, les graffitis immondes jusque dans des WC publics où vous laissiez mon numéro de téléphone, tout était bon, vous nous avez gâtés.

Votre attitude a été pour moi encore plus significative lors de l'agression dont j'ai été la victime de la part du guignol de cette "mère" et du vol de mes clés ce dont vous avez été les témoins. Pourtant, à ce moment là, vous n'avez rien fait pour moi, Elodie m'a même enfoncé, justifiant l'attitude de ce guignol et déclaré à ses copines que je l'ai battue pour la forcer à écrire ce qu'elle ne voulait pas écrire !

Depuis le début, vous en avez après Séverine. Aujourd'hui encore, vous la persécutez à l'école, ce ne sont que brimades, menaces, coups bas, calomnies et insultes (« pute et fille de pute »). Bien sûr, vous me direz que ce n'est pas vous, mais les copains et les copines... que vous envoyez ! Malgré mes demandes d'arrêter les histoires, ça a continué de plus belle, Elodie a été infecte, avec une attitude triomphante déplacée. Les histoires qu'elle a racontées sur Séverine et Charlyse et même sur moi à l'école ont dépassé tout ce que l'on peut imaginer, tant elle en a dit. Vous m'avez fait souffrir à un point inimaginable, vous m'avez rendu malade, gravement, et le sachant même, vous avez montré une profonde indifférence.

Vous vous êtes bien foutus de nous et vous avez cherché à nous prendre pour des cons, Elodie avec son "Sport Etudes" natation par exemple, son vœu le plus cher qu'elle disait au juge, quelle hypocrite !

Comment peut-on bâtir une vie sur de tels mensonges, sur une telle tricherie ? Comment peut-on faire tant de mal à son père qui a tellement d'amour à partager ? Je comprends maintenant votre incapacité à me regarder dans les yeux !

Comment pouvez-vous vous regarder en face dans une glace après cela ? Comment peut-on ainsi être fier de ressembler à une telle "mère", à un tel guignol avec sa carte officielle de "CON" ?

V - CONCLUSION :

Vous avez donc choisi votre camp, et par votre déplorable attitude, vous m'avez clairement montré l'absence totale de sentiments que vous aviez pour moi : pas une seule fois en un an vous n'avez manifesté un seul geste d'affection, ni eu un mot gentil, et encore moins de regret (et pourtant, je ne parle pas de tendresse et encore moins d'amour...). Mais, rassurez-vous, je n'ai pas l'intention non plus de vous obliger à m'aimer.

Vous vouliez ressembler à cette "mère" et à son guignol que vous avez pris comme exemples, je crois que c'est gagné : avec un cœur de pierre, vous êtes devenus menteurs, voleurs, hypocrites, infects, tout leur portrait. Il ne vous reste plus qu'à devenir frigides et paranos et ce sera parfait.

Maintenant, vous faites votre expérience avec cette soit-disant "mère" qui prétend aimer ses enfants alors qu'elle ne pense qu'à les séparer définitivement de leur père en vous montant en permanence contre lui tout en vivant chez un guignol, triste exemple, vous n'y êtes même pas chez vous ! Vous n'étiez pourtant pas obligés de suivre son délire, et encore moins d'en rajouter, mais vous avez fait votre choix et j'espère qu'un jour vous vous rendrez compte de ce que vous avez fait et de ce que l'on vous a fait faire. Rappelez-vous que tout se paie dans la vie, tôt ou tard.

Autrefois, vous aviez un père qui vous aimait, on était bien ensemble. Il a fallu que vous détruisiez tout cela pour satisfaire la vengeance de cette "mère", vengeance qui en fait ne vous concerne pas... Du coup, vous avez tout perdu. Plus rien ne sera plus jamais comme avant. Les vacances, les Jeux Olympiques, la Camargue, le Club Med, Cap d'Agde, tout ça c'est fini ; le cinéma, les sorties, les restaurants, les invitations, les amis, les fêtes, les spectacles, les boums aussi. Je n'ai plus envie de faire quoi que ce soit pour vous, vous m'avez tellement fait souffrir, je suis tellement écœuré par votre attitude que je ne le peux pas, même si je le voulais, je ne le pourrais pas, je suis vraiment trop écœuré, vous en avez trop fait.

Je vous invite néanmoins à réfléchir sur votre sort et à tout ce que vous avez fait, à tout ce que vous nous avez fait, tout le mal que vous avez fait pour le plaisir de faire du mal, gratuitement, à cet immense gâchis. Réfléchissez à tout ce que vous avez perdu par bêtise, tout ce qui ne reviendra jamais. Mais sachez pourtant que, malgré toutes les vacheries que vous m'avez faites, toutes vos calomnies, tout ce que vous avez dit sur Charlyse, sur Séverine, sur moi, je suis et reste malgré tout votre père et que, si d'aventure, plus tard, vous aviez besoin de moi, vous pourrez toujours compter sur moi, ma porte ne vous sera jamais fermée, comme elle ne l'a jamais été. Mais il faudra cependant acquérir suffisamment de maturité pour comprendre ce qui s'est passé et se passe encore autour de vous quand vous êtes là-bas, pour vous rendre compte de ce que vous faites, de ce que l'on vous a fait croire et faire et pour vous extraire de ce milieu malsain qui vous étouffe et qui m'écœure.

Mais ne venez JAMAIS me reprocher mon attitude et encore moins de vous avoir abandonnés ou rejetés, car il ne faut pas inverser les rôles.

Maintenant, si vous ne voulez pas comprendre, libre à vous de continuer vos agissements. J'estime pour ma part que ça a trop duré et qu'un an ça suffit, et que, si vous deviez continuer ce petit jeu, je vous préviens bien que je ne laisserai plus faire et que je prendrai les dispositions nécessaires pour vous empêcher de continuer à nous nuire.

Vous pouvez cependant être fiers :

- vous m'avez trahi, vous m'avez traîné dans la boue,

vous m'avez frappé dans le dos, vous m'avez insulté, vous m'avez rejeté.
- vous avez sali et tenté de détruire ce que j'avais de plus cher.
- vous avez réussi à gâcher deux années entières de ma vie et, en un an, vous avez détruit toute relation entre nous et tous les espoirs que j'avais mis en vous.
- vous êtes des ingrats, vous êtes des lâches, vous êtes des imbéciles et en plus vous êtes bêtes et méchants.

Je n'oublierai pas.

ET MAINTENANT ?

Et maintenant, la vie continue, chacun de son côté. Vous chez "votre mère" et son guignol immonde et nous, installés dans une vie paisible, sans plus aucun problème. Mais je ne sais pas si vous mesurez pleinement l'absurdité de cette situation : vous vouliez que Charlyse et Séverine partent de la maison, c'est vous qui en êtes partis ; vous étiez jaloux de Séverine qui restait en permanence avec moi, c'est elle qui est restée et vous ne me voyez plus !

Les travaux que nous avions entrepris dans la maison sont maintenant terminés. Cette maison n'a plus rien à voir avec ce qu'elle était quand nous l'avons achetée. Bien sûr, nous avions acheté cette grande maison dans le but d'y faire des transformations pour loger chacun de vous et de vous y faire à chacun un appartement ou un studio indépendant. Nos projets ont été de fait bouleversés et nous les avons modifiés en conséquence. Nous avons absolument tout refait, seuls (à part l'escalier) et avons réalisé l'ensemble des travaux des différents corps de métier intervenant normalement dans une maison : nous avons joué les architectes, les électriciens, les vitriers, les couvreurs, les plâtriers, les maçons, les plombiers, les menuisiers, les ébénistes, les carreleurs, les peintres, les terrassiers, les jardiniers, bref, les artisans et même les artistes... J'ai ainsi réalisé mon rêve de construire, avec la femme que j'aime, le nid qui est aujourd'hui le nôtre. Charlyse m'a brillamment secondé. Toujours à la hauteur, elle a toujours été là pour m'aider et a, entre autres, réalisé seule l'ensemble des transformations électriques.

Je pense que vous auriez pu apprendre beaucoup tous les deux en participant aussi à ces travaux, tout comme j'avais appris en regardant mon grand-père. Vous auriez pu aussi partager avec nous le goût d'entreprendre, le plaisir de créer, la fierté de réussir. Vous auriez pu aussi avancer vos idées pour les mettre en commun avec les nôtres et je suis sûr que vous auriez aimé profiter de nos aménagements extérieurs. J'aurai pu vous initier à la photographie (développement et tirage), à la reliure, à la micro-informatique, à la peinture, au travail du bois, à la ferronnerie, à la conduite automobile, tout comme je l'avais promis... Votre absence volontaire vous a privés, outre du bon exemple et de la bonne éducation que mon devoir de père vous aurait naturellement prodiguée, mais également de l'affection et de l'autorité d'un père dont tout adolescent a besoin pour son équilibre psychique et son développement. Au lieu de cela, vous avez "bénéficié" de "l'exemple" d'un immonde guignol. J'aurai aimé, moi aussi, vous léguer l'amour, la tolérance, la sagesse.

Aujourd'hui, je tente malgré tout de garder le contact, de loin. Tout d'abord, malgré la répétition des appels anonymes, je n'ai pas encore changé mon numéro de téléphone, espérant malgré tout un appel hypothétique de votre part mais je n'attendrai plus très longtemps. Puis, les collèges et lycées que vous fréquentez m'envoient régulièrement la copie de vos bulletins scolaires, "votre mère" n'ayant pas la correction élémentaire de le faire. On me donne souvent de vos nouvelles et j'apprends par ci par là ce que vous pouvez bien faire. J'ai appris par exemple que tu t'étais remise à la natation, Elodie, en FFN, et comme sous ma responsabilité, le CNV a rejoint aussi la FFN, j'ai pu ainsi suivre tes performances avec les responsables du GUC Natation. C'est malheureusement par les journaux que j'ai appris ton succès au BEPC. J'en étais ravi, mais je déplore le procédé. Je t'ai tout de même envoyé une petite carte de félicitations, restée d'ailleurs sans réponse. Mon ami et collègue Jean-François MUGUET m'a souvent parlé de toi, Rodrigue, de ta guitare et des animations que tu faisais chez les pionniers et maintenant chez les compagnons. Puis ce fut au tour de Richard JEEP, un autre de mes collègues. Il m'arrive souvent de penser à vous, regrettant de ne pas vous avoir emmenés aux US avec nous, par exemple, ou lorsque j'ai présidé une démonstration de natation synchronisée, regrettant de ne pas pouvoir compter Elodie parmi les nageuses de l'équipe.

D'un autre côté, je réalise aussi que, si l'adolescence apporte son lot de problèmes pour les parents, grâce à vous, nous n'en avons aucun et nous vivons très bien ainsi. Après tout, même si "votre mère" vous monte la tête insidieusement et vous manipule ainsi à votre insu, même si nous n'étions que l'unique sujet de conversation là-bas, vous avez seuls fait votre choix. Je ne pense pas qu'il vous soit interdit de prendre contact avec moi et même si cela était, je vous sais suffisamment frondeurs pour tourner la difficulté... Pourtant, je vous aurais crus plus intelligents pour réagir et comprendre seuls ce que je vous raconte dans cette longue lettre, sans que je ne ressente le besoin de l'exprimer. Peut-être est-ce aujourd'hui le temps pour toi, Rodrigue, maintenant que tu es majeur, de faire le point, de compter tout ce que tu as perdu et de réaliser le peu que tu as gagné en suivant la vengeance de "votre mère". Elodie, tu es encore un peu jeune et trop manipulable, mais je sais que plus tard tu comprendras toi aussi. Malheureusement, je ne serai peut-être plus là et ce sera de toute façon un peu tard.

« *Sais-tu que le temps qui passe, ne se rattrape guère, que le temps perdu ne se rattrape plus !* », chantait Barbara.

Je vous ai envoyé des places de cinéma pour aller voir le film "Madame DOUBTFIRE", avec Robin WILLIAMS, je ne sais si vous y êtes allés, s'il vous a plu ou si vous en avez saisi la comparaison. Je vous envoie aussi régulièrement une petite carte pour votre anniversaire ou à l'occasion de nos vacances, quand nous partons, un petit chèque à Noël, dont le montant dépasse pourtant de très loin toute l'affection que vous me témoignez. De votre part, j'ai reçu de temps en temps un petit mot. Une carte pendant les vacances ou pour mon dernier anniversaire, ou même un remerciement laconique pour le chèque de Noël (en 1995, tu le postas même en février, Elodie).

En juin de la même année, ta lettre, Elodie, me glaça : avec une entête faite d'un « *Salut !* » et un final fait d'un « *Bye* », tu me demandais sans même un « *s'il-te-plaît* » ni un « *merci* », de te renvoyer tes coupes et tes médailles, puisque paraît-il elles prennent la poussière, me proposant même d'en payer le port ! Je n'ai pas reconnu mon Elodie dans cette lettre, ni la petite fille tendre qui me faisait des câlins et me proposait avec tant d'espièglerie de faire un caprice ensemble. Il y avait tant d'agressivité, de dureté, et aucune trace d'affection ! Je n'ai pas cru un instant que cette lettre pouvait venir de toi, ni s'adresser à moi et je n'ai pas voulu y répondre. Je pensais, et je pense toujours, que si tu voulais vraiment tes coupes, tu pouvais toujours venir les chercher à la maison, à l'occasion, par exemple, de l'un de tes séjours à Voiron chez tes copines pendant les vacances, ma porte étant toujours grande ouverte pour vous ! Que devais-je donc penser lorsque je te savais à Voiron et que tu ne m'appelais même pas ? Non, il valait mieux faire courir le bruit : « *mon père ne veut même plus me voir* », histoire de faire encore un peu plus de mal.

Puis, toujours crescendo, la violence et l'agressivité de ton courrier reçu fin janvier 1996, me pétrifia : « *Salut ! C'est gentil de ta part d'avoir pensé à moi pour Noël. Mais je n'utiliserai pas ton chèque - que j'ai déchiré -, car si tu voulais un cadeau qui me fasse plaisir, tu me renverrais mes coupes et mes médailles. A part ça, je te rassure, ma "maturité" va très bien. Grâce à elle, j'ai appris à me défendre et à être plus forte. Dommage que je n'ai pas su le faire avant. Bonne année* ».

Elodie. Comment une jeune fille peut-elle parler ainsi à son père ? De quelle abomination suis-je donc coupable pour être traité de la sorte ? De quoi donc aurais-tu dû te défendre ? On sent encore derrière ces quelques lignes toute la hargne et la haine de "votre mère". Elodie, tu confonds ici les mots "être fort" et "être dur", tu es devenue dure et insensible avec un cœur de pierre. Tu as oublié ce que "joie de vivre" signifiait. Tu confonds les mots "maturité" et "orgueil mal placé" et ta lettre était indécente. J'ai choisi de répondre à ce courrier pour ton anniversaire. Tu auras fait ce que tu veux de ma réponse, cela n'a désormais plus d'importance, mais je ne pouvais pas laisser passer cela !

Toi aussi, Elodie, tu as reporté sur moi toute la haine que tu ressens, haine attisée par ces adultes qui t'ont plongée dans la vie que tu as aujourd'hui et tu as, à ton tour, repris à ton compte le combat de "votre mère". Toi aussi, tu portes sur ton visage les marques inexpressives de ton introversion, tu sembles avoir arrêté ta croissance, tu ne souris pas et ta vie semble bien triste. Tu tricotes encore des mains, tu te tiens recroquevillée sur toi-même, coincée, tu ressembles à une rose condamnée à vivre sans eau et qui perd ses pétales sans avoir pu s'épanouir. Quelle horreur ! Quelle tristesse et quelle honte ! Comment une soit-disant "mère" a-t-elle pu annihiler et infantiliser ainsi ses enfants ? Comment une soit-disant "mère" a-t-elle pu arriver à les retourner ainsi contre leur père ? Comment des ados peuvent-ils se laisser manipuler ainsi ? Est-ce là donc ce qu'elle appelait la sérénité qui reviendrait bientôt ? Quel gâchis !

Rodrigue, par contre, plus diplomate, tu me répondais rapidement, et m'envoyais une petite lettre un peu plus détaillée m'expliquant en quelques mots tes vacances, ton camp scout ou ton chantier. J'ai été agréablement surpris de recevoir un livre de James Bond 007 que tu avais dû trouver dans une brocante quelconque, tu savais que cela m'intéressait puisque nous en avions cherché ensemble au Cap d'Agde. Cette attention me toucha et me fit très plaisir. Je te répondis en t'envoyant l'ensemble des capsules que j'avais collectées lors de tous mes voyages en pensant à toi, attendant que tu reviennes les chercher. Il y en avait plus de 200 différentes, certaines venaient de Bali et du Japon, beaucoup venaient d'Allemagne... mais je ne sais toujours pas si cela t'a fait plaisir ou ce que tu en as fait. Tu m'as envoyé aussi du sable de ton camp en Bretagne pour ma collection et cela m'a aussi fait très plaisir.

Voilà où nous en sommes aujourd'hui, en ce début 1996. Le bilan est assez triste. Les dégâts sont immenses et les tâches resteront indélébiles. Ecrire cette longue lettre m'a permis de vous dire ce que je devais vous dire, et je l'ai fait sans complaisance, m'a permis de faire en sorte que ma voix se fasse entendre et que vous ayez un autre son de cloche. Cela m'a permis aussi de faire le point, de vous faire connaître tous les dessous de cette lamentable histoire, de vous donner tous les éléments pour vous faire votre propre opinion et vous ouvrir les yeux mais surtout de vous rappeler le rôle pas très glorieux que vous y avez joué. Cela m'a surtout permis de vider complètement ce que j'avais sur le cœur. Cela m'a permis enfin de classer mes idées, classer mes dossiers pour finalement classer définitivement cette affaire.

Je voudrais pourtant ici bien insister sur le fait important qu'à aucun moment je n'ai cherché, moi, à vous éloigner, ni à vous séparer de "votre mère" car je sais qu'un enfant a besoin de ses deux parents pour s'épanouir. N'oubliez jamais que c'est grâce à moi et contre l'avis de "votre mère" et de ses parents s'il y a eu garde alternée et que vous avez pu ainsi vivre une semaine chez l'un et une semaine chez l'autre pour profiter de chacun de vos deux parents.

Aujourd'hui, je pense encore que ce fut une bonne chose pour vous, malgré tous les problèmes que j'ai évoqués ci-dessus. Il est certain que si j'avais décidé de conserver la garde complète et refusé toute concession, votre situation eut été toute autre, mais cela n'aurait pas été une preuve d'amour de ma part. Cela n'aurait pourtant certainement pas empêché "votre mère" de faire aussi des histoires et de vous monter la tête quand vous seriez avec elle.

Dans toute cette longue lettre j'ai parlé d'elle entre guillemets. Je ne pense pas qu'une personne qui utilise ainsi tous les moyens pour retirer ses enfants de leur père puisse être qualifiée de "mère". Je ne pense pas qu'une personne qui dénigre ainsi en permanence l'image du père puisse être qualifiée de "mère". Je ne pense pas qu'une personne qui joue ainsi un tel rôle négatif auprès d'enfants et qui leur fait ainsi tant de mal puisse être qualifiée de "mère". Je ne pense pas qu'une personne qui manipule ainsi ses enfants et les utilise ainsi comme instrument de vengeance puisse mériter d'être qualifiée de "mère". Une mère n'est pas seulement une génitrice, mais un être sensible, pleine de tendresse et d'amour, à l'écoute de ses enfants, toujours prête à chercher pour eux l'équilibre et le bonheur, prête à leur apprendre la vie et l'amour des autres, pas une castratrice à histoires, jalouse, égocentrique, enflée de haine, utilisant ses enfants pour sa vengeance personnelle. Tout le contraire vous dis-je !

Un jour vous rencontrerez l'âme sœur, et vous aurez envie de vous marier et de fonder une famille avec plein de marmots qui courent partout. Vous rencontrez sûrement le bel amour, le vrai. J'espère de tout cœur qu'avant de franchir ce pas décisif pour ce qui sera votre vie future, vous aurez une pensée pour votre pauvre père et que vous ne ferez pas la même "connerie" qu'il fit. Ne vous mariez pas par dépit ou pour fuir l'enfer familial. Mariez vous par amour, l'esprit serein. Faites des projets et tenez-vous-y. Ne croyez jamais que l'amour vient après. Ne croyez jamais que les enfants ressoudent un couple, bien au contraire, et vous êtes bien placés pour le savoir. Ne vous laissez jamais plus aller par la facilité et les belles paroles toutes faites. Mais n'oubliez jamais ce qui s'est passé dans votre adolescence et surtout ne laissez JAMAIS "votre mère" se mêler de vos affaires de couple, ni faire d'histoires chez vous.

La belle-mère qu'elle deviendra, sera à coup sûr à l'image de l'épouse exécrable et de la mère pitoyable qu'elle fut. Elle mettra la zizanie dans votre ménage plus vite que vous ne pourrez vous en rendre compte... Elle agira, au prix de votre bonheur, contre celle qui LUI aura pris son petit Roudoudou Chouchou et contre celui qui LUI prendra sa petite Nénette, sa Greluche exactement de la même manière qu'elle a agi contre Charlyse ou Séverine : « *Vous n'êtes pas une famille... ne lui réponds pas... sois fort... ce n'est pas une fille (un garçon) pour toi... bientôt la sérénité reviendra...* ». Vous connaissez déjà la chanson, mais ce sera trop tard, le ver sera dans le fruit ! Plus tard, bien plus tard, quand vos enfants seront grands, vous comprendrez tout cela par la force naturelle des choses. Chaque chose reviendra à sa place et vous comprendrez tout ce qui s'est passé avec un regard d'adulte que je souhaite mature. Sachez aussi que l'on ne bâtit pas une vie sur des mensonges ni sur des faux témoignages... Et, si d'aventure vous le désirez, je serai toujours là pour vous épauler, pour vous conseiller et pour vous aider.

Oui, bien sûr cela m'a fait mal de vous voir ainsi, de vous savoir loin de moi, et de sentir cette agressivité et cette hostilité en permanence entretenues, mais j'ai fini par en prendre mon parti. Je n'ai plus l'intention de me battre pour des ingrats et des traîtres. Le chagrin immense que vous m'avez occasionné a fait petit à petit son trou dans mon cœur. L'injustice et surtout l'absurdité de cette situation est sans commune mesure avec tout ce que l'on peut imaginer et je dois malgré tout l'assumer.

Mes enfants, qui étaient toute ma vie et à qui je dédiais mon temps et mon amour, sont devenus des menteurs et des traîtres, voulant par là ressembler aux adultes qui les entourent désormais. Je ne reconnais plus Elodie ma gentille petite fille câline, ni Rodrigue mon garçon espiègle et sympa. Ils ont choisi la bassesse plutôt que la droiture, le mensonge plutôt que l'honnêteté, la haine plutôt que l'amour. Ils ont choisi par là la bêtise et la méchanceté. Ils ne sont plus rien maintenant pour moi qu'un lointain et un triste souvenir qui s'estompera tout doucement une fois cette longue lettre rédigée et postée.

Charlyse et Séverine constituent désormais ma petite famille. L'amour que nous partageons nous a permis de résister aux différents assauts que nous avons subis et qui, au contraire de ce que vous espériez, n'ont fait que resserrer les liens qui nous unissent. Nous profitons sans retenue de la vie, j'aime et je suis aimé. La vie et belle, ne la gâchons pas. L'amour existe, je l'ai rencontré, mais il se mérite : l'amour pour les autres, pas le narcissisme, ni l'égoïsme.

Si je devais résumer pour moi ces vingt dernières années par un seul mot, je choisirai le mot « *honte* » : la honte de vous avoir imposé une telle mère, la honte de ne pas avoir réussi à extraire mes enfants de son influence néfaste, la honte de ne pas avoir réussi à me faire aimer d'eux, la honte de leur traîtrise, la honte de les avoir vu faire autant de mal...

La vie est ainsi faite que certains individus, écœurés, et sans grand espoir, cessent de croire en la justice et jettent l'éponge devant tant de bêtise et de tant de méchanceté.

La vie est ainsi faite que certains autres individus, illuminés, ne supportant pas le bonheur des autres, et soutenus par d'autres imbéciles dans leur malveillance, se laissent guider par leur bêtise. Celle-ci aiguisée par leur jalousie et leur égoïsme se transforme bientôt en méchanceté impitoyable, qui devient alors leur seule raison de vivre. Elle transparaît alors ouvertement sur leur physique : leur obésité, les traits tirés et prématurément vieillis de leur visage en décrivent alors le triste reflet et en impriment la marque indélébile qu'ils ne peuvent plus dissimuler...

De la bêtise à la méchanceté...

Puisse la vie protéger désormais mes deux enfants, Elodie et Rodrigue, de ces deux maux.

Votre Papa qui vous aime

Voiron, Mars 1996

www.ingramcontent.com/pod-product-compliance
Lightning Source LLC
LaVergne TN
LVHW010315200726
843507LV00010B/1240